名木田 薫

旧約聖書での啓示と受容

日本文化からの考察

大学教育出版

目　　次

序 …………………………………………………………………3

第1部　原理的意志啓示 …………………………………5

第1章　神から人への啓示 ……………………………7
第1節　契約などの中心的事項　7
第2節　契約をめぐっての周辺的事項　31

第2章　神からの啓示への人の対応 …………………53
第1節　神観などの中心的事項　53
第2節　歴史に関わる神などの周辺的事項　77

第2部　歴史を媒介しての契約内容の二次的展開 ………103

第1章　神から人への啓示 ……………………………105
第1節　預言などの中心的事項　105
第2節　神の命の徹底性、儀式などの周辺的事項　129

第2章　神からの啓示への人の対応 …………………153
第1節　神への固執などの中心的事項　153
第2節　王と預言者との関わり、異民族との戦争などの周辺的事項　177

あとがき……………………………………………………208

序

　聖書では契約にしろ預言にしろ具体的歴史的情況の中で行われている。かくて各文書の重点の置き所も異なっているであろう。また編纂は後の時代から振り返ってなされている。そこでそれら各々について各々の条件の中で歴史的、文献学的な側面をも同時に考慮しつつ考察するのが望ましいであろう。本来理念的にではなくて、個々の出来事ごとに神の意志は啓示されているのであるから。しかし他方旧約聖書の中の諸書についていえば、それら各々の歴史的文献の由来がどのようなものであれ、古い新しいにかかわらず、またそれ以外の種々の問題があるとしても、正典に入っている以上、少なくともキリスト教徒はそれをそういうものとして信じているのである。かくてそれらについて歴史的詮索をすることにはさほど重要な意味があるとも思われないのである。特にここでは副題に表明しているような事柄に大きな関心があるので、以上のような制約をできるだけ考慮しつつ、時代縦貫的に思想的、内容的な面に重点を置いて考えてみたいと思う。

　論述の仕方についてであるが、論理的にいえば一回的から多数回的へ、原理から応用へ、抽象的から具体的へ、本質から属性へ、宗教的に見れば戒律からその適用へ、霊から肉へ、聖から俗へ、純一から雑多へと進むこととなる。民族の歴史から見れば放浪から定住へ、小規模な状態から大規模な状態へ、特定の時所位において与えられた啓示から自然、歴史を媒介してのより深い理解へという経過となる。

　またこのようないわば二つの側面にそれぞれ神から人へという面と反対に人から神へという面の二つの局面を考えることができると思う。前者は神の人間への開示性であり、後者はそれに応える人の神への開放性である。このように二つの側面にそれぞれ二つの局面がある。神から人への開示という局面のうち原理的な局面は神からの直接的自己開示と考えられ、自然、歴史を媒介しての

応用的な局面は神からの間接的自己開示と考えられる。そしてそのそれぞれに対する人の対応が考えられるのである。

　以上のように考えて、論述全体を二つの部とし、原理的意志啓示と歴史を媒介しての二次的展開とを各部に配したい。第1部を神から人への原理的意志啓示、それへの人の対応という二つの章に、第2部を神から人への歴史を媒介しての意志啓示、それへの人の対応という二つの章に分けて考えたい。

第1部
原理的意志启示

第1章

神から人への啓示

第1節 契約などの中心的事項

(a) 神の名前とその特性

　神の名前、その特性などから取り上げたい。そもそも神は人の側での何らかの準備なり、実存的体制が整ってはじめて受け入れられる性格のものではない。この点は旧約でも新約でも神が神であり人が人である限り変わることのない真実であろう。神の受容が人の側での何らかの体制に依存するのであれば、信仰の成立は人の側にイニシアティブがあることとなろう。それはありえないことである。仮に準備が整ったとしても、神はその人をいつまで待たすのも自由である。反対に準備が整っていない人に準備を促すことができる。これはエレミヤの場合を見れば一目瞭然である。主権はやはり神にあるのである。そして神は天地創造に見られるように無限の力を有しているのである。と同時に人に自己を啓示することにおいてそういう形へと自ら自己を限定することもできるのである。無限な存在であればこそ自己限定も可能である。無限有限の間をその都度ではあるが自由に出入りできるのである。出入り自由といっても個々の被造的なる物になってしまうのではない。どこまでも被造物を超えて高いことはいうまでもないことである。そうあってこそ歴史を導きうるのである。歴史を通じ、民族の苦難を克服しつつイスラエルを導く。こういう過程を通して神は自己を人格的な神として啓示する。人格であることによって自然神的要素は否定されているのである。アニミズムでのごとく自然の中の種々の物の中に霊と

して宿ったりはしない。その都度自己の意志を発動するのである。このことによって神は自然の事物から自己を区別する。また人格的ということと無限な力ということとは一である。奇跡を起こすということもこういう観点から理解すべきであろう。こういう神の特性は正しいことへの傾向を持つことと強いということとが一であるという形で人間的次元へ反映される。

　さて、聖書は哲学の書物ではない。神がどのような存在であるか、また属性を持っているかを人が考え出した概念を使って体系的に明らかにしてもいないし、そのようなことを企ててもいないのである。旧約時代の人たちは現代の人間のように神についての哲学的観念を持ってはいなかったのである。啓示された出来事から神の性格についてあれこれと議論することさえしなかったと思われるのである。そのようなことに関わると、それはかえって冒涜的なことと当時の人々の目に映ったことであろう。歴史を通してイスラエルを導くヤハウェへの背信と断じられたであろう。神は比類なき存在であり、生ける神なのである。人でさえ生ける存在に対して枠ははめられない。いわんや絶対的な神においてをやである。ただ旧約は個人という意味よりむしろ民族という意味で実存的に語っているのである。人が神からいかに関わられ、それに応答しているかを語っている。神ご自身は人に向かって自己の名前を語ったり、人との関係での性格、例えば熱情の神たることを語るのである。神については大略次のような見解が見られる[1]。まず旧約では神の進化についての思弁はない。次に神の種々の名はその発展の局面を示してはいない。またヤハウェは最初から主要な神である。さらに神は生きているので永遠性は肯定されていた。以上である。最後の点は重要であろう。我々の通常の発想では永遠というとそれ自体をまず考えてしまう。時間的にいつまでも続くような状態を。しかしイスラエルの発想では生きているという現実的なことが先に観念されている。生きているからこそ自分達を導きうるのである。そこから永遠ということが考えられているのである。永遠という抽象的観念がまずあるのではない。永遠ということはいわば二次的なことである。アブラハムやモーセの頃にも生きていたし、今も生きているということで永遠となるのである。現実の歴史の中で働いている神ということがまず意識にあるのである。現実の中で働き生き続けていることが第一

次的なことである。かくて神は人の側での忠誠、信実を要求することとなる。それを欠いた人間は歴史上そうであったように神から見捨てられることも大いにありうるであろう。神はイエスにおいて例えば嵐を静める（マタイ8,23以下）ほど力ある方なので騙しえないのである。最初、神はイスラエルを見出したが、これは神の尖兵として世に送ることを目指したものともいえよう。

　周辺諸民族の宗教の神々はおおむね多くの名を持つが、イスラエルの神は原則としてはヤハウェというただ一つの名を持っている。彼らが生きていた情況では周辺の民族はそれぞれ自分達の神を信じていた。したがって単一神教的状態にあったであろう。しかしエジプトから脱出しカナンの地へ入っていくと唯一神教的になっていくのであろう。神はイスラエルを導き出した自己のみを神として認めるように要求するからである（例えばホセア13,4）。宗教のあり方として多神教、単一神教、唯一神教と純化されていく。中間の段階では他民族はそれぞれの神を拝しているが、自分達の神はそれだけ自分達に身近に感じえたのであろう。そこで戦争では各民族は神々の代理戦争をしていることにもなろう。そういう仕方で神との一体感も生まれるのであろう。普遍的な神を信じるよりもそういう感覚はかえって強いとも考えられる。ただ単一神教では多くの神をたとえ自分たちが信じずとも認めているので、その分多神教的であり、したがって人間中心的であるといえよう。だが単一神教から唯一神教へ進むと、反省されてはいくが神は民族の心からは離れるともいえよう。人間中心的ではなくなるからである。しかしそれと同時に逆に個人、例えばイザヤ、エレミヤなどの預言者——決してすべての個人という意味ではないが——の心の中へはより強力に入るといえよう。神観が普遍的になるにつれて民族に代わって個人がいわば前面に出てくる傾向が強まるといえよう。民族単位から個人単位へである。単一神教では個人という意識は相対的に低いといえる。民族の中での個人という意識なので民族が優先している。生活の面でも意識の面でもそうなのであろう。多神教では神の超越性は欠如しているが、単一神教ではそういう要因が生じてきているとはいえよう。

　神の名について、まず創世記17,1によると神は自己を「わたしはエル・シャダイ（אֲנִי אֵל שַׁדַּי）」（わたしは全能の神である）として自己をアブラムに啓

示する。その後出エジプト6,2においてモーセに「わたしはヤハウェ（אֲנִי יְהוָה）」（わたしは主である）という本来の名を啓示する。アブラムには現れたが、名は知らせていないのである。かくてエル・シャダイというのは少なくとも固有の名ではないのである。こういう点についてヤハウェ[2]はただの名で人と二格の関係には入れないが、進歩する啓示が見られるという理解もある[3]。特定の人や民族との特別の関わりのある関係には入りえないのである。そこでたとえアブラハムの神、イサクの神、ヤコブの神であったとしても、この二格は主格的二格ではなくて対格的二格と考えなくてはならないであろう。さらに出エジプト3,14において「わたしはあるという者だ。」（אֶהְיֶה אֲשֶׁר אֶהְיֶה）と神は名乗る。この名のもとであるハーヤー（הָיָה）にはただ単に存在するという意味ではなく、存在する、生成する、作用するという三者一体の意味があることは周知のことである。単に存在するというだけならギリシャ的、哲学的な神理解も可能であろう。しかるに燃える柴という出来事の中で主の御使いがモーセに対して現れた。人をしてこのような啓示を受け入れしめるのは啓示の持つ不可思議なる働きである。生ける、永遠の神が今ここに臨在しておられるのである。燃え尽きない柴の炎の中に主の御使いが現れるという不可思議な現象は神にのみ属す超越性に由来する。正しく永遠の今である。その後の出エジプトという歴史的大事件がそれに続いて起こるように神は意図しておられたのである。神がモーセにその名を示すことにより、彼は神によって捕らえられる。日本でも名は体を表すというが、世にあって神を代表しているのである。かくて彼はこの名に思いを凝らして神を崇めることができるのである。これにより神との関係がいわば直接的となり両者の間にあって障害となっていたものが除去されたのである。つまり介在していたものの天使的、ないし悪魔的な力が消去されたのである。そういう力が消滅した以上、当時その地方で行われていた魔術、呪術、霊媒の類は無価値となる。そういう術の存在価値はなくなったのである。信仰の真の人格化がここでは実現しているのである。魔術ということは自然主義ということである。自然に内在している種々の要素に働きかけてそれらを操作するのが魔術であるからである。そして神の意志は律法（トーラー）という形で与えられるのである。それの内容はイエスやパウロの言説を見ても神・人

間関係あるいは人同志の関係を規定するものとして一点一画も廃ることはないほどの重みを持っているのである。だがモーセの律法は追加などが示すように自由な精神において伝えられたので、モーセ的解釈が最終的、決定的伝達という性格を持ってはいなかったという理解も存している(4)。モーセ一人が神格化されることはなかったのである。神・人間間の媒介者なのだからそれは当然といえば当然のことであろう。つまり後の人々の時所位に応じた霊的自由が生かされているのであろう。

　詩編113編には「主の御名を賛美せよ」(1節)、「主の御名がたたえられるように」(2節)と書かれている。名を賛美することはその名の主である神の自然や歴史を通しての人への働きかけを賛美することである。かくてそういう神の働きに参与する結果になるのである。偶像という形で不可視の神を可視にすることは禁じられている。見ることよりも聞くことを重視するという点でも名は大切である。名を呼ぶことはそれを聞くことの尊重を意味しているからである。見ることは終末までお預けなのである。今は聞くことが許されているのである。自分が生きている時代より過去を見れば主による種々の出来事があった。しかし現在という時点では、それらの代わりに名が存していると考えられるのである。名において神は現在しているのである。もし名がないのであれば、呼びかけようもないし、いわんや賛美などできる筈もないのである。人についてもこういうことはいいうる。面と向かって話しているとき以外は、その人は名において当人の前に存しているといえよう。名無し権兵衛では当人にとって存しようがないといえる。人格的存在は全て名があってはじめて普遍的に存しうるものになるのである。非人格的存在なら元来言葉は有していないので名は不要であろう。たとえあってもいわば無用の長物に過ぎないであろう。そういう意味では創世記においてアダムが個々の動物に名をつけたとされている(2,19以下)ことは興味深い。動物が単に生物としてではなくて、人格的な視野に入れて見られていることを暗示するからである。たとえ固有な名でなくても一般的な名であったとしてもである。単なる物ではないのである。こういう点から見るとき植物が名付けの対象になっていないこともまた面白いところである。

　主なる神は特定の人への関わりによって特徴づけられるが、"エル　ベトーエ

ル"などカナンの神々は現れた場所の名を持つとされる(5)。たとえエルという名が元来イスラエル以外の民族にあった神の名であったとしても、多民族が居住し相互接触もあったと思われるので、その名が入ってきたとしても不思議はない。そのような由来よりも宗教的、信仰的内容の方こそ大切であろう。名がどこから来ていても問題ではない。イスラエルの場合神と人との関連が強く自覚されておりこの点こそ大切である。民族の運命に神が深く関わっているのである。さらに野牛のように角を持つという神のたとえ（民数記24,8）はカナン由来と解されている(6)。このようにカナン的な要素がヤハウェ信仰へ受容されているのである。東方の諸宗教では例えばエジプトでは太陽神ラーということで、太陽の持つ自然的な力がいわば人格化され神として崇められているのである。一方、主なる神ヤハウェは創世記にもあるように天地の創造者である。つまり自然、天地のような被造物からは隔絶しているのである。そういう神がイスラエルを選び、恵みを施し、イスラエルから信実を求めるのである。神の愛は旧、新約を通じて共通と思うが、百匹の羊を持っていて一匹いなくなったらその一匹を見つかるまで探す（マタイ18,12以下）といわれるほどである。それほどのいわば無限の愛に対して無限の信実を求める。無限と無限とが呼応しているのである。だがここで一つ注意すべきことは、どこまでも神中心的に理解する必要があるということである。いわば神のために人間があるのであって、人間のために神があるのではないのである。たとえ先の聖句のように神が人を探すとしても、それはあくまで神の、神による、神のための摂理の一環と解しなくてはならない。

　旧約の神は一者であり、一人の男である（創世記18章）がそばに女神を持ってはいないと解されている(7)。神が人とは異なる存在と信じられていることの一つの現れといえよう。他の神々のように性があればそれだけ人間的であり、日本でのように聖人君子は死後神様として祀られる情況に近くなるであろう。性の欠如という人間的ではない性格であればこそ真に超越的といえよう。神は天地創造の最後に人を創造された。創世記2章によればまずアダムを創造され、そのあばら骨からエバを造られた。このように性は神によって創造されたのである。つまり性も被造性の一部である。神は一切の被造物を超えているのだか

ら、神に性がなくて当然といえる。そもそも神が人に現れるときにはあからさまに神と分かる姿形においてではない。なぜならそれでは人は死んでしまうからである。神を見た者は死ぬのであるから。そこで神とは分からない姿形で現れるほかないのである。その都度人なり、他の被造物の形をとって現れるほかないのであろう。多様な現象形態をとり、いつも特定の被造物の形をとるのではない。自然を超えているのだから当然である。神はそういう自己限定はなさらない。神自身はどこまでも不可視の存在であり続けるのである。

　さらに、ヤハウェにとっては自己に属す民の幸せが大切であり、地上の産物のいくらかを自分のために求めることはしないとする解釈がある[8]。収穫の十分の一に関する規定（申命記14,22〜27）を守るならば主の聖なる民になる（申命記26,16〜19）のである。つまり前者の規定は後者でいわれていることを目的として持っているのである。十分の一の奉献は民が聖であるためである。もっともそのことも神の摂理下にあるという点ではそれもより根源的意味ではヤハウェのためとはいえよう。そのようにあるためにはイスラエルは一旦無に帰し全幅の信頼を持って主に服する必要があるであろう。神からの愛に対しては神への愛で応えるしか道はないであろう。主は熱情の神という事実を重く受け止めねばならないであろう。父祖の罪を子孫に三代、四代までも問う（申命記5,9）といわれているからである。神はイスラエルの中に神殿、祭壇、箱などの形においてその宿る場を持つが、常時そこに臨在しているのではない。例えば戦争においても主の導きがない場合には敗れるのである。神には控えたところが見られる。常時の臨在は神の人間中心主義的性格を反映することとなろう。神が臨在するか否かはあくまで神自身の判断によらねばならないであろう。その上、常時人のそばにいてはいざというときかえって助けにならないであろう。なぜならそういう神は人間中心的であり、人が倒れる時には共に倒れるからである。共倒れである。かくて神は是非とも被造界を超えると共にそこに降りるという双方の世界への出入り自由を有さなくてはならない（詩編113,4〜6）。高低共に可能。このことはキリストが地獄にまで降ったので神が高く挙げたこととも呼応している。高いだけなら人の世界には無縁となろう。反対に低いのみでは人との区別がなくなり被造界に埋没してしまう。双方の世界に共存しては

じめて一方に偏しない在り方が可能になる。高い立場から下の世界を導くことが可能になる。衆生済度であり、拕泥滞水である。仏教ではしかしこれ自体が目的である。一方、聖書では神主導なのでどこまでも神の意志が主である。人は従である。そういう様相の違いは存しているといえよう。地上の世界は人格的性格の部分であるか否かを問わず、全面的に主に対して開放されているのである。そして神は世界を支えている。神が手を引くと世界は一瞬の内に消え去ってしまう。

(b) 契約の前提としての啓示

　主要テーマである申命記における契約などについて考えたい。モーセにその名を名乗った神（出エジプト3,14）は十戒という形においてその意志をイスラエルに伝える（20章）。このように神の名を知ることは神の意志を知ることと一である。神が人格的存在であれば当然のことであろう。名も意志も人格的存在だからこそあるものである。神が人の世界に入り来たり、人がその神に応え自己を開いた結果であろう。人は二人の主人に兼ね仕えることはできないが、一人の主人もなしでは真に人として生きることはできない。人は心とからだと霊から一体的に構成されており、最上位にある霊こそ人を統括しているものといえる。霊は主なる神と一の存在であり、人の本質を表しているものである。霊による導きは心身から生じるあらゆる求めを超えて優先されるべきである。我々はその導きにいわば無条件的に従う必要があるといえる。それに則って活動することが必要である。霊の赴くままにということが目標となろう。「主の霊のおられるところに自由があります。」（第二コリント3,17）といわれるように、霊の目標は真の自由である。この自由は人の行動にとってその促進要因となろう。と同時に霊はそこから行動が出てくる根拠でもあろう。人が人たるためにはこういう霊的自由が不可欠である。ここから真の主体性もまた生まれるのである。

　ところで、啓示はどういう形で与えられるのか。啓示は人が受け取ってはじめて啓示となる。受け取る人がいなくては啓示は啓示とならない。たとえエレミヤのように神の側から受け取るように否応なくされて受け取るとしてもであ

る。一度啓示を受け取ると人はそれを他に伝えねばならない。さもなければ受け取ったことにはならないであろう。自分一人でそれを享受するために受け取るのではないからである。一個人として啓示を受け取るのみということはありえないといわねばならない。しかるに他に伝えるには言葉を介するほかはない。ほかに手段はない。啓示といえどもそれが人の世界に入るには言葉という衣を着ることは不可欠のことである。かくて伝承が生まれ語り継がれていくこととなるのである。燃える柴の炎の中にしろ、出エジプトの救いにしろただ出来事というわけにはいかないのである。それと同時代の人々は直接その出来事の中に生きているのだが、次の世代以降の人々には言葉によって伝えられるほかないのである。そういう意味でも出来事と言葉は不即不離である。否、次世代以降の人々には出来事そのものよりもそれについての理解を含んだ伝承こそ生きているものとなるのである。こういう点に関して、イザヤ43,12に基づいて神はいわばイスラエルの証言に依存するという解釈も存している[9]。しかしこの聖句は神の存在についてその表現以上の深層を示唆しているように思われるのである。確かにイスラエル以外に世にあっての証人はいないのは事実ではあるが、そのような解釈はあまりにも人の証言重視の方向に行き過ぎであると思う。イスラエルが証言するときはいわば神の霊が証言しているのである。そこでもはや単にイスラエルがそうしているのではないであろう。イスラエルならざるイスラエルがそうしているのである。

　やや飛躍はするが、仮に人より高度の知性を持った生物が地上に、あるいは他の天体に生きていても、それが神によって神の意志を体した存在として選ばれない限り何の意味もない存在に過ぎないのである。あくまで神中心的に考える必要があろう。知性が発達してさえいればそれで直ちに神に直結するのではないのである。知性の発達それ自体には特に意味はないのである。天使的存在の方が人より知性はより発達していようが、それはかえって悪魔的存在へと転落する契機にさえなるのである。このことは次の事実に対応している。即ち神が人を選んで自己を啓示したという事実の内に人の人格たる根拠があることに。さらに神の自己啓示にあたり当時イスラエル以外の民族が受容する可能性を持っていたか否かを人が勝手に決めてはならない。人にそのような権能はないの

である。また神がイスラエル民族に自己を啓示する以前に他の民族に啓示する意志があったかなかったかというようなことは人の推測を超えたことである。人がいわば土足で神の領域の中に入るべきではないのである。人はあくまで人の分を守らねばならないのである。決して僭越になってはならないのである。例えば預言者のように自己が神からその働きを求められている場合でさえも。それはこの上なき無上の名誉ではあろうが。そもそも神は自己のために他者を求めているのではない。過不足のない方がそのようなことをする必要はないのである。他者のために他者を求めているのである。そういう点から見ると神は人のために人を求めているといえよう。人はホモ・サピエンスとして生命誕生の最後の段階に生まれた存在であり、しかもその上「鼻に命の息を吹き入れられた。」(創世記2,7)ので、それだけ神に近く神から見ても地のためにも大切な存在なのである。

　モーセを通して神はイスラエル民族を全体として選んだのである。神が個人に自己を知らせるとしても、決してそれはその人個人のためではない。指導者の人格完成のためではない。民のためである。民を正しい行いへ誘導するのが目的である。世代から世代へ伝えられることもそういう事実の一面といえる。民全体が前面に出ている。出エジプトの際もカナンへの進攻の際も神は民としてのイスラエルを導いている。民の中の個々人をではない。このことは当時の生産力とも関係しているであろう。それの低い段階では個人が民族からいわば半独立的に生きていくということは考えにくいのである。個人は民族の中にあって生存を保ちえたのである。そういう現実的、経済的基礎があるので人の意識もそれに応じたものになっているのである。民族の中での個という意識である。個という意識より民族という意識が先行しているのである。かくてたとえ預言者のように個人として真に神を信じた場合でも、現代の人間がそうするのとは意識の在り方が異なるであろう。古代の人々は皆それぞれ自分達の神を信じていた。そこで人の意識は全般に否応なく宗教的であるほかなかったといえよう。宗教と民族とは一体である。だから戦争の時には神が出動したのである。またいくつもの部族から成り立っていても同じ神を信奉する以上同胞意識があるであろう。そこから当然のこととして他部族に対しては助け合うこととなっ

た。共通項はヤハウェへの帰依である。「わたしを求めよ、そして生きよ。しかし、ベテルに助けを求めるな」（アモス5,4以下）といわれている。主を求めねばならない。他の場所へ出かけて行く必要はないのである。また行ってはならないのである。神はすでにイスラエルの中に現在しているからである。例えば天上のどこか一箇所に鎮座ましましている神のところへ向けて人が神秘主義的に上っていくのではない。神の方から降ってきておられるのであるから。神がどこに住んでおられるかというような思弁的なことにはイスラエルは関心はないのである。出会いの神こそ大切なのである。そういう点から考えると、個人より民族という意識が先行しているとはいえ出会うのは個人であるほかはない。いくら預言者が主へ立ち帰るよう叫んでも、民は聞かない。こういう場合も民の中の個々人が聞かないという事態であるほかない。だから各個人のそういう立ち帰りの決心は民の陰に隠れているといえよう。いかに神と民との契約であるとはいえ、こういう側面も見落としてはならないであろう。

　確かに神を信じ、その戒めを守ることは大切である。このことは同時に人として正しく生きることをも意味するからである。この「同時」という契機は大切である。つまり神の意志に従うことが即ち人としての道なのである。両者は決して二者択一ではない。神への帰依は自己の本来的人格への到達であり、信仰的にいえば救いである。ヨブを見てもこの点は理解できる。神との悪戦苦闘に生きる意味を見出したのである。そして最後に自己の本来性に至ったのである。もっとも「あなたたちは、我々が今日、ここでそうしているように、それぞれ自分が正しいと見なすことを決して行ってはならない。」（申命記12,8）とあるのは、規範は混沌と無秩序の現実に関心を持っているからという解釈もある[10]。確かに当時の社会的情況を考えるとそういう要素は不可避であったであろう。現代の民主主義的社会とは異なるであろう。時代的情況のためにこうであるほかなかったのであろう。現実的である。我々現代人が古代人に対して信仰同価値的に現実的であるとは、先にいったような個という面の重視を少なくとも含むであろう。当時の情況下では個人の人格完成というような契機は前面には出にくかったのである。各人の判断重視となれば、全ての人が真の神信仰にまで至っていない場合混乱するであろう。そういう意味で規範とか戒律のよ

うなものが必要であったのであろう。もっともこの点は現代でも同じであろうし、いつまでもそうであろう。

　こういう規範はただ単に人の外から与えられたものではない。またそのように考えるべきではない。「律法の要求する事柄がその心に記されていることを示しています。」（ローマ2,15）とある。この点は新約、旧約を問わず、古今東西を問わない。規範の内容と理性、良心とは一体である。神の示した、時と場合によっては人の良心的判断をさえ超えた普遍的なものが心に内在しているのである。ただ問題はそれが直ちには神信仰へと直結しないことである。そこでキリストのような媒介者が必要となるのであろう。ただ旧約の段階ではそういう存在は欠けている。そこで基本的には神・人間相互間の直接的信頼関係が大切である。それにはイスラエルは他民族から分けられて神が聖なる存在であるように聖でなければならないのである。この点は民がヤハウェを選んだという事実にも現れている。例えば民はヨシュアのときに先祖の神々にも、あるいはアモリ人の神々にでも仕ええたにもかかわらず、主を選んでいる（ヨシュア24,14以下）。たとえヤハウェがイニシアティブを取っているにしろ民にも他の神を選ぶ自由はあったことを示している。かくて神中心的であると共に相互関係的でもあるといえる。というよりも神中心的ということが必然的に相互信頼的関係を生み出しているのである。

　(c) 主と民との契約

　さて、契約（בְּרִית）においては常にヤハウェが主体であり、対等な当事者間ではないが締結によって平和（שָׁלוֹם）という関係に入る[11]。神にイニシアティブがあってこそはじめて人は神を信じその契約に信頼しうるのである。人がどんなに倒れても神は立っていてくださるのである。人の態度に左右されないことこそ不可欠である。神に依拠できるのである。そこで人間社会での一般的契約とは様相が異なる。相互に権利、義務を規定し合うのではない。契約に基づいた十戒のようなものでも神がモーセに対して一方的に示している。民はそれを受容する以外に道はないのである。法的に見ると神が権利者で、民は義務者と見える。ただその内容に注意すると、決してそうではなく理性、良心が

納得しうるものである。一方的ではないといえる。ところで創世記15,18における契約について、この神の約束はアブラムの主体的な態度については記さず、神の側での自己義務と保証とが表明されていると解されている[12]。確かにこの個所では彼の態度については触れていない。そうだからといって態度を不問に付しているとばかりも決められないであろう。なぜなら不問に付すと、人の態度如何にかかわらず神は人を恵むこととなり、かえって人間中心的になるという危険が生じるからである。日本での多神教的な神信仰が人間中心的であるように。そういう点から見るとやはり契約と同時に戒律のようなものが示される必要があるであろう。いずれにしてもここでは態度とは無関係に神は保証している。一方的である。神は主体的である。神のいわれた言葉にはそれなりの重みがあるであろう。人の言葉とは異なるのであるから。神が言う以上既に実現したのと同じことである。そういう意味では神が人に義務を負っているのである。人が神に対して自己を開く前に神が人に対して自己を開き示しているのである。神の人への愛の一端を見うる。神自身が自らを拘束していることを意味する。そういう仕方で人は神を信じたのである。神が極めて身近な存在であることを意味している。人の態度によって神の対応が変わるのであれば、人はどこまで神を信頼してよいのか判断しかねるであろう。人は神によっていわば包まれているともいえよう。それだけにイスラエルの、決して強制されてではない神への責任なり義務なりが自ずから生じるであろう。一種の主従関係である。しかも相手が神なので絶対的となる。そこで神はイスラエルの不実に対しては裁かれるのである。その結果パウロでのようなキリストの贖いが不可欠となるのである。つまり人はどこまでも神の前に立たされているのである。これは個々人の意志とは関係なくそうだといえる。たとえ自分としてはそういう神に、またその契約に関わりたくないと思っても、その民の中にいる個人としてはそうであるほかないことを意味している。神は自己の民としてその民を分けたのであるから。そういう意味でも神の側からの一方的な約束を意味する。人が個人としてそれを承認するか否かとは無関係なのである。ここには個人として外に対して開かれざるをえないという性格がある。こういう点は創世記31,43〜54においてヤコブとラバンとの契約の際石塚が築かれていることにも現れる。

契約の証として、各人が石塚に名前をつけている。現実的にものを考える一端が伺える。自分達を超えているものによって確かとされると考えるのであろう。もとよりこの場合背後にヤハウェが控えていることはいうまでもない。

アブラムと契約が結ばれ（創世記15,18）、次いでモーセに十戒が与えられている（出エジプト20章）[13]。こういう時間的順序から考えても契約に基づいて十戒をイスラエルは受けている。ヤハウェの民として選ばれたからこそである。神の言葉は一度発せられたら取り消しはない。ただ人はそれを信じなくてはならない。アブラムは信じたので義と認められたのである（創世記15,6）。出エジプト20,13～17では特に法的な神の意志が啓示されている。神はイスラエルに理性的判断としても納得のいくような内容の規定を示したのである。これは選ばれたことの証といえる。証とはいえるが保証ではありえない。なぜなら背いた人々は滅ぼされるのであるから。諸刃の剣のようなところがあるといえよう。次に、十戒には倫理的十戒（出エジプト20章）と祭儀的十戒（34章）との二つがあり、両側面の融合は旧約の法の特徴と解されている[14]。十戒にも二種あるのである。神への信仰とそれが人間社会の中で働く事柄との呼応がここにはあるといえる。両者でいわれている戒律の特色は客観的性格を持っており、行動の内面的動機には触れていないとも考えられなくはないが、20章17節の「欲する」は元来むさぼる行為のことであり、15節の「盗んではならない。」とも考え合わせると意図性をも見据えていると考えられる。14節の「姦淫してはならない。」にしても、人の内面をも問題にしているといえる。その上で神との関係を確立するために34章のような規定を定めたと思われるのである。また贖うということもいわれているのである（20節）。人は本来神に属しているものだからである。以上のように規定の内容が理性や良心と一致するという観点から見ても、人の内面にも神の目は届いていると考えるべきであろう。だから「みだらな思いで他人の妻を見る者はだれでも、既に心の中でその女を犯したのである。」（マタイ5,28）という理解も生まれてくるのであろう。そういう内面が整わずしてただ単に出エジプト34章にある定めを実行しても神は喜ばれないのである。

多くのユダヤ教徒にとっては律法はイスラエルにとって重荷ではないと考え

られているのであろう。実行が不可能なことを定めによって行うように教えられているとは考えていないからである。確かにいくら心の中で神を愛していてもそれを外に現さなくては神への愛が本物か否か不明であろう。「わたしはあなたの命令をとこしえに忘れません　それによって命を得させてくださったのですから。」（詩編119,93）といわれている。律法は命に通じているのである。律法に対してここまで心が開かれているということは、自己が神に向かって開かれていることを意味する。だがそういう在り方になっても自己はまだ確立されているとはいえない点が問題である。ヨブのように神を見失うという事態はたびたび生じるからである。例えば安息日を汚し父祖の偶像に目を引かれる（エゼキエル20,24）とあるように、民は横道にそれるのである。神に背き、あるべき自己に背き、定めに背くのである。これを見ているとやはり律法が重荷になっていることが分かる。目に見えない神を信じることの難しさが現れているのである。身近に救いの保証が欲しいのである。かくて本末転倒が起こる。このように律法は本来は神・人間間の信頼のためにあるが、人の罪のためにそれが歪められることも生じるのである。本来の目的から逸脱するのである。やはり内面的に、また同時に外への行いとして神を信仰することが必要であろう。内外一致である。内的たることと従う行いという内外二事象は二者択一ではありえまい。前者なしに後者はありえないであろう。このことは当然ともいえる。逆も真である。人は心において生き、同時にからだにおいて生きているからである。「わたしはあなたの律法を　どれほど愛していることでしょう。」（詩編119,97）ということはそのように解すべきであろう。ユダヤ教内では内面性は余り重視しない考えもあるのかとも思われるが、律法が神由来のものなのでかえって行為を重視し過ぎるという弊害が出ているのであろう。いかに律法が重いかは「これに何一つ加えたり、減らすことがあってはならない。」（申命記13,1）という言葉にも現れている。人の意向は一切入れるなということである。神の意志を純粋に守れとのことである。神と人との合意に基づいてというような情況ではない。もし仮に律法が人由来なら行為重視の偏重には陥らないのではあるまいか。陥る結果かえって人の内面での罪への眼差しを失うのであろう。

(d) 伝承と内容

　さらに、申命記は長くて複雑な過程を経て形成されたものであり、また記者は過去の伝承をかなり自由に扱えたようではあるが、ここではその思想的な内容について考えたい。まずその内容は諸国民に向けてイスラエルの知恵と良識を示し、賢明な民たるを表すためとされている（申命記4,6）。かくて申命記はいわば神の知恵の反映なのである。後々ユダヤ人がそれにこだわることが分かるというものである。いつも神の意志を体現したものが身近に存在しているのである。抽象的に人が考えてこれが神の意志だというのではない。諸国民ということで他民族にさえも通用する性格のものとの認識である。律法はヤハウェの救済意志全体であり、組織的叙述を意味する理論統体であろうとすると解されている[15]。これが申命記の基本的性格である。そこで律法を守れば世にあって栄えることはいうまでもない。反対に背けば滅びが来る。したがって善は生に通じている。善生一如である。現実的に考えることが基本である。人が生きるには厳しい自然環境という事実もこういう考えを生み出す一要因になっているであろう。そこで人としてはぜひ戒めを守ろうとするのは当然である。しかし「あなたはなすべきなので、なすことができる。」というわけにはいかない。もっとも「御言葉はあなたのごく近くにあり、あなたの口と心にあるのだから、それを行うことができる。」（申命記30,14）ともいわれている。実行の難しいことを禁欲的に実行せよと命じられているのではない。だが旧約の歴史を見れば一目瞭然である。失敗の繰り返しである。そのたびに民は危機に陥っている。守れれば確かに神の祝福に値する存在になれよう。しかし律法と向き合う時いかに人の心が神の方に向いているとはいえ、つまり心では神の律法に仕えていても、行為として守れなくては十分とはいえないであろう。外面的にであればともかく内面も含めてとなると守り抜くのは困難であろう。旧約の中にも見られるメシア待望はこういう事実の反映であろう。ただ神の怒りより恵みの方がより大きいことはノアの物語でも分かる。

　法や秩序などの言葉はヘブライ人には疎遠な表象を呼び起こし、旧約での罰について誤解を生み出し易いとされる[16]。人が人を傷つけた場合でも、罰自体が目的ではなくて償うことが目的である（出エジプト21,18～32）ということと呼応している。さらに、律法を守ることについてヘブル語のシャーマル

(שָׁמַר) ＝ bewachen,behueten,beobachten,achten auf（守る、注意を払う）をただ tun、halten（行なう、する）と訳すと元の意味が十分伝わらないとされる[17]。かくてただ命令を実行するというのではないのである。単なる行為ではなくて心がそちらに向いていることが求められている。常に注意を向けていることが大切である。外面的に要求を満たしていればよいのではない。律法を守るとは元来そういうことである。そうしてはじめて神の意志を傷つけたり、主の示す道からそれないことが可能となる。そういう点からいうと命令に注意することより重要なことはほかにはないのである。個人にとっては、国王にとってさえもそうである（申命記 17,18～20）。なにぶん律法は神の具現体である。そこで人としてはいくら守っても、これでよいのかという気持ちは自覚するしないは別として消えることはない。真面目であればあるほどそうであるほかないであろう。この点が大きな問題であろう。ここに人の自己崩壊の危険性を見うる。もっとも十戒はモーセを通して生活の指針として民に与えられている。そこで余りにも個人的に深く自己反省するのではなくて、民の中の一員としてそれなりに守れていればよいとも考えられる。人間存在のそういう特殊性が自己崩壊の歯止めになっているとも考えられる。と同時に過度の自己反省は止めて行いへと人を促進する要因になるであろう。しかしたとえそういう事態を考慮しても、罪ある人に守りうるのかという疑問は生じる。律法によっては救われないことになりはしないか。

　契約についての論述の最後に、律法の若干の個々の点について。まず神は名によって人に知られているのである。神自身が名を啓示したからである。しかるにその名をみだりに唱えてはならないといわれている（出エジプト 20,7）。ヤハウェと呼ばずにアドナイ（わが主）と呼べとされる。やたら唱えていると水や空気のような何でもないものになるからであろう。特別のものでなくなるのである。身近にいますが特別なのである。神が人間を創造したのであって、逆ではない。みだりに唱えているとその逆になってしまうのである。人の観念の生み出すものになってしまう。観念の中に神が存在するのではなく、観念が神の中に存しなくてはならないのである。観念の中にはまるようなものは観念以下である。観念というアパートに押し込められているのである。殺されている

のである。観念という刀で切り殺し、その後で死んだ神をお祀りするのである。偶像崇拝以下かもしれない。なぜなら人はそういう自覚を持たないからである。むしろ反対にそれこそ真の神礼拝と自任しているからである。神は人の観念によるあらゆる定義を超えて高いのである。

　両親の手におえない子について石で打ち殺すように指示されている（申命記21,18〜21）。こうして悪を除くというわけである。罪を憎んで人を憎まずというようなことでは済まない。これら二事象は切り離せないのである。と同時に悪に対しては厳しいのである。だが慈しみは幾千代にも及ぼすが父祖の罪を三代、四代までも問う（出エジプト34,7）といわれている。ここでは愛の優先ということが理解されうる。しかし愛の優先は罪に対して寛容であることを意味してはいないのである。ヤハウェにおいては愛と罪に厳格たることとが一なのである。義にして愛なる神であるから当然である。罪に対して甘くなる度合いに応じてそういう神は神ではなくなる。人間的度合いを増すのである。神の人間化である。神の耄碌である。

　主人の許から逃げた奴隷を主人に引き渡してはならないとされている（申命記23,16）。随分奴隷の立場に立った規定であるように思われる。奴隷を虐げることは許されないのである。近代的にいえば奴隷にも人権が認められているのである。愛の面が前面に出ているといえる。律法の正義と公正とはこういう内容をも含むのである。こういう考えはヤハウェ信仰において各個人がその主体性を確立していくのに資することになろうと思う。利子をつけずに貸す（出エジプト22,24）とかその人の貧乏のために人から買った土地はヨベルの年に返却を受けることができる（レビ記25,28）とかという制度と相俟って。制度的に側面支援しているといえよう。もとよりその当時個人の主体性確立という発想が存していたわけではないであろうが、現代人の目から見るとそういう見方もできようかと思う。

　自分の息子、娘に火の中を通らせる者、占い師、呪術師、霊媒などがいてはならない（申命記18,10以下）といわれている。レビ記19,31;20,6などにも同様の趣旨のことが書かれている。これらはすべてヤハウェに忌み嫌われるものであるからである。現代においてさえ例えば占い、霊媒、死者に問うなどのこと

は盛んに行われている。こういうものをすべてあの時代に既に退けている。被造界を超えた神信仰の立場からの合理性が現れているといえる。神信仰から合理性が引き出されている。これらの行いはすべて人の有する不安、心配、疑念などのような神への信頼の欠如より由来するからである。神への信仰とは二律背反の行為であるからである。心の濁りから来ているのである。明鏡止水であればこういう行いは生じえない。しかし反対に神を信じるがゆえの不安もあろう。神の裁きへの恐れである。こういう点についてもそういう行いへ走ってはならないという教えであろう。神への全面的信頼とはそういうことであろう。死者は陰府の国に行ってそこに留まっているのだが、そういう表象はいわゆる三階層的世界観として存しているのであってそれ自体は信仰ではない。かくて人が観念的に作り上げたそういう世界と呪術によって関係しようとするのは神信仰に反するのである。人格的意志として自己啓示するヤハウェの力は魔術的非人格的力とは一致せず、罪や聖所が魔術的力を持つという考えは個人の倫理的責任という考えにとって代わられたとされる[18]。ヤハウェが人格的であることは当然そういう神を信じる人間も人格的であることを意味する。人格には人格である。かくて非人格的要因を排除するのは自然の成り行きである。魔術のような自然の力を利用しての人格的世界の撹乱は邪道である。

　以上契約について考えてきた。契約の内容が理性的判断と一致し、したがってイスラエルだけではなくすべての人に妥当するという側面のあることも述べた。こういう側面は我々日本人の目からすると、例えば神によって自然の恵みが与えられるという考えにも現れている。春と秋に雨が降って収穫がもたらされるといわれている（申命記11,14）。乾いた土地なので雨はきわめて大切である。これをヤハウェからの報いとして受け取っているのである。こういう仕方で主へ向かって心が開かれざるをえない情況があるのである。自然環境的必然性ともいうべき要因がここには存している。自然と調和して生きている姿を見うる。

　こういう理性との一致は別の面に別の形で現れる。イエスは律法を啓示の元来の意図においても満たしうると考えているが、パウロは反対であるという批判的解釈[19]に。本来は主との信頼関係は直接的であるのに、後者ではキリスト

が死んで甦ったということを信じることが求められる点が問題となる。命題が主と人との間に介在することになるからである。

(e) 歴史を導く神

地中海東岸およびその周辺地域は日本と違い自然環境は厳しい。自然と一になって生きるというような考えは生じにくい。そういう事情は人のものの考え方にも影を落とす。そこで目には目をというハムラビ法典のようなものも生まれたのであろう。自然をさえも統一的世界とは受け取りにくいのであろう。いわんや人の世界をやである。民族の争いは同時に宗教の争いであり、神の争いであり、価値観の争いである。自然での争いを二乗、三乗しているのである。こういう自然、歴史の情況の中で神はイスラエルを導くのである。

神はイスラエルをエジプトから導き出した後、カナンの地に入るにあたってモーセを通して勧告や警告を与えられる（申命記4,1以下）。掟と法を実行せよ、そうすればその土地を得ることができよう。だが注意せよ。偶像崇拝をすれば、諸国民の間に散らされるであろう、とされている。神が主導的である。モーセを呼び寄せたのも神である。神自身が人の世界へ踏み込んできているのである。ただ導くにあたって神が直接現れることはできない。そこで種々の形をとる。モーセの場合、燃える柴の炎の中に主の御使いが現れたり、神が声をかけている（出エジプト3,2以下）。御使いは現れているが、神はただ声をかけるだけであり、現れてはいない。彼は自ら神を見ることを恐れて顔を覆ったのである（6節）。神を見る者は死ぬからである。こういう点にも神観の一端を伺える。また主の御使いであったり、主であったりするのはそういう存在そのものよりもむしろ、その語られた言葉とその内容が大切であることを示している。主とモーセという人格者同士の関わりが大切である。両者間の媒介者は必ずしも一般の地上的、人格的存在でなくてもよいのである。可能性としては、天使のような存在のこともあれば、預言者のような場合もありうるであろう。

出エジプトに始まり、他民族との戦いを経てのカナン定住[20]、その後の他宗教との関わりという全過程を通していえることは、苦難に対してどう対処するかという問題である。バビロン捕囚一つとっても大変である。これは主への態

度と連動している。左右に揺れることはあっても問題を解決しえないという緊張の糸が一貫している。神自身としては解決しえない情況に自らを陥らせてでも、自分が人のことを思っていることを現している。このことは人の神への信頼を大いに深めることだといいうる。もっともイエス・キリストの出来事において人のために神は自らを犠牲にしたので、その事実の後から見れば多くの預言者が取り上げた問題はキリストにおいて解決したこととも言えるであろう。そこで神への信頼はますます深まったといえよう。背きに対しては裁かれた後で神の赦しが発せられている。決して裁きなしで赦されはしない。十人の正しい者がいればという条件で町は赦されている（創世記18,22以下）。どこまでも義ということが貫かれている。だからこそ神への信頼も可能となるのである。無原則、無節操な神であれば信頼などできよう筈もないのである。神の義は先に述べた人についての善生一如に呼応したことである。こういう神の性格は歴史を通して顕わとなる。哲学的、抽象的にまず原則があって、次にそこから諸法則が引き出されるのではない。具体的、現実的である。その都度神は現れる。イスラエル自身へ、またその敵対民族との戦争において。

　現代のユダヤ人についてもそうであると予想されることだが、イスラエルの民は固有な性格を持っている。つまりその内に今生きている人はすべて過去の時代の出来事を自己のこととして共有しうるということである。これはいわゆる嘆きの壁の前で祈っている人々の姿を思い浮かべれば、直ちに分かることである。過ぎ去った出来事が今に生きているのである。かくてイスラエルとはいわば一種の霊的次元の存在であるといえる。過現未を通じてのリアリティである。だから個人はこういう点から見てもあくまで民の中での個人なのである。人間は元来種として存立しているのは当然ではあるが、そういう一般的意味にプラスしてイスラエルの民はヤハウェ信仰の民なのである。ヤハウェ共同体である。順逆いずれかの仕方で主へ向いているのである。そういう意味での歴史的観点から人は見られている。

　ここで歴史的導きのいくつかの例を挙げておこう。まず申命記32,8～14によると、いと高き神が国々に嗣業の土地を分けられたとき、ヤコブは主の嗣業である。外国の神は除外して主のみがその民を導いた。だから他の民族は他の

神々に割り当てられた。次に、他の民族をも主は導いている。アモス9,7によると、主はペリシテ人をカフトルから、アラム人をキルから導き上ったのである。ペリシテ人のような敵対的民族をも主は導いている。全地が主のものなのでこういうことが可能であったのである。こういう事実はイスラエルがその選民意識に酔いしれて傲慢に陥るのを防ぐであろう。選ばれたからといって主は罪を大目に見てはくれないのである。むしろ反対である。それだけより厳しく主は罰せられるのである。アモス3,1以下によると地上の全部族の中からイスラエルを選んだので、それゆえすべての罪のゆえに罰すると書かれている。選ばれていなければ賞罰には無関係である。

　歴史を現在へ到達する過程として過去を現在から振り返って反省すれば、現在の情況へ向けての運動として理解しうる。しかしイスラエル的発想では時間の流れを先に考えてそれを個々の出来事が満たすのではない。持続的な無内容の時間という観念が先に表象されているのではない。出来事の連続としての時間である。抽象的な時というものは存しない。神は自己の意志を変えたり、陶工のように作品を自由に作る。かくて世界は基本的にいって流動的である。固定した世界というものが存在しているのではない。神に先んじて世界が存しているのではない。そういう意味では神以外には何も存してはいないのである。ただただ神が働いておられるのである。まさに神はハーヤーしておられるのである。こういう仕方での信仰では信じた時にすべては始まるのである。神の実存と人の実存との出会いである。実存と救済史とは一体である。

　こういう歴史の振り返りという点から見ると、例えばサムエル記下7,6に対して歴代誌上17,5、列王記上6,1に対して歴代誌下3,1以下、列王記上8,21に対して歴代誌下6,11などで分かるように歴代誌は出エジプトの出来事を省いたりしており、少なくとも重視していないとされる[21]。捕囚後では一般的に捕囚と回復後とはエジプト滞在と脱出後とパラレルに受け取られているように、歴代誌でも出エジプトと捕囚からの脱出とは同一的に見られている。だがそういう受け取り方に、双方とも実存的ではあるが、局面の相違が存している。双方を合わせ考えた場合、歴史の見方が異なってもそれは共に神への信頼が強いという事態の反映として見ることもできようかと思う。しかし次のようにも考えられ

る。つまり両者を別々に考えた場合、出エジプトという恵み後の堕罪という激烈な断絶があってこそ、人の側での罪を克服してなお持続する神によるイスラエルの選びの表白において神の誠実が一層引き立つのである。このことは十人の正しい者がいれば民を赦そうというヤハウェ（創世記18,22以下）とも軌を一にするといえよう。そういう意味では過去を重視する、歴代誌ではない方の考え方に真実がありはしないかと思う。だが歴史を通しての救いの神への信仰という救済史的な見方だと往々にして人間中心的になりやすいから、出エジプトを書いていない方がかえって真に神自体への信仰のために信仰を求めていることになる。そういう点では歴代誌の方に軍牌が挙げられるともいえる。以上のような実存的信仰という問題意識から捕囚という国家崩壊の悲劇の中でイスラエル存立の根底にまで立ち帰って主に問いかけ、その結果アブラハムさらにはアダムにまで遡及していくことも生じたのであろう。

　ここで主が民を導くにあたって起こすいわゆる奇跡について少し考えたい。穿った見方をすれば、現代ではそういうことは不可能だが神話と科学とが未分化な古代では、超越的な神を信じていると神は奇跡を起こすという願望が働くであろう。そこで預言者などに神が奇跡を起こすという発言をさせる事態も生じたであろう。しかし今はそういう一般論は度外視しておきたい。さて、出エジプトの際の葦の海での出来事だが、当時の人がどのように感じたかということと、現代人がそれについての記述をどのように読むかという問題は、別のことである点を把握しておく必要がある。科学の幼稚な段階では、現代人から見れば科学的に理解しうる出来事も奇跡的に受けとったかもしれないのである。この出来事についても現代では科学的に説明しようという試みが種々ある。だがそういうことは重要ではない。重要なのは当時の人がそれを神による奇跡として体験したという事実である。自然の力、人の力や思惑を超えた何かが働いたと信じたのである。まれな出来事の内に神の意志を見たのである。民がどのように受け取ったかが大切である。そう信じることによって人の心が地から解き放たれ聖へと分けられた点が大切である。かくてこの出来事についての言説は主への信仰から生まれた証言である。出来事についての単なる客観的な報告ではない。元来、自然的な次元のことも、歴史的な次元のこともすべてを信仰という観点から見

ているのである。客観的出来事が何であったかは最重要なことではない。今の時点からそれを明らかにするのは不可能であるし不必要なことでもある。そういう試みは霊からではなく、肉から出ているのである。肉によって理解してはならないし、できもしないのである。葦の海での出来事について「ということ」という点はありそうなこととして判明するが、「いかにして」という点は未解決のままでなくてはならないという見解[22]はもっともであろう。

　最後に、原始的宗教の多くがそうであるように、ヤハウェ宗教においても主がシナイ山の上に降ったり（出エジプト 19,18）、御使いが柴の間の燃える炎の中に現れたり（出エジプト 3,2）している。また主はシオンの山に住んでいる（イザヤ 8,18）。だからといって神がそういう自然と一体化するのではない。しかし最後の場合などでは主は特定の場所に住んでいるのである。本当に住んでいると信じているのであろう。神があたかも人であるかのように特定の場所に住むと信じられている。抽象的でなく、具体的である。何であれものを現実的に信じるにはそうでなければならないのである。この点は現代においても重要である。ニーチェでは背後の世界の崩壊とともに神の居場所がなくなり、ニヒリズムが生成する。このことと対比して重要である。現代では神をどこにいるとイメージしうるのか。そういうイメージの仕方しかないのかというより根本的な問題も生じてくる。そういう信じ方でない限り神をリアルに信じえないのか。ニーチェでは観念的、シオンの山の場合は現実的に神が受け取られている。現代ではシオンという特定の場所ではなくて、キリストという特定の出来事において現れた神を信じるのである。神自体を人は直接には知りえない。そこでどこに住むと信じようと信じまいと本来は有意差はないのである。キリストの出来事はニーチェ流の観念的考え方をもシオンの山という場所的考え方をも突破している。特定の場所と神の存在とを結合しているのは観念的考え方の残滓を残しているのではあるまいか。神の側からの具体的出来事になってはじめて観念的色彩が払拭されるといえまいか。イデアの世界もシオンの山も場所という点では同じことである。キリストの出来事のように人格的出来事になってはじめて場所というような観念的次元を突破したのである。その上、信仰によって無始無終である可視的世界の堅牢さが失われると、シオンの山というような

特定の場所を特別視することは自ずからできなくなるであろう。それに対してキリストというような人格は堅牢さを失うことはないのである。人格は各々が固有な存在であるからである。自然界の堅牢さの喪失に反比例してますます堅牢さを発揮するのである。肉の堅牢さに対して霊の堅牢さである。自然界は「色即是空」なのである。

こういう霊の立場は「随所作主」に一脈通じていると思うが、前者ではすべてが奇跡であるごとく受け取るという情況が生じているともいえる。なぜなら心はあらゆる地に属すものに囚われた見方から開放されているからである。個々の出来事はそれ自体としてはすべて神の直接の創造によるものであって少しの汚れもないものなのである。神が「光あれ」といわれたら光があったようにすべては神の言葉によって成っているのである。すべてはいわば無から創造されるのである。かくてすべては奇跡なのである。なぜなら無から創造されたものは奇跡と考えるほかないからである。このような点に立って考えると例えば葦の海での出来事がどういう仕方で生じていようと問題外である。

第2節　契約をめぐっての周辺的事項

(a) 人に与えられる霊

まず、神から人に与えられる霊に関連してだが、人の心の内にはそれ自体は神ではないとしても何らかの仕方で神に通じている要素が存在していると思われる。さもなければ神ということを思ったり、さらには信仰が生まれたりという事態は生じないであろう。はるか遠くに居る神はいわば魂の根源のようなものとして人の内に内在するのである。遠近の逆説的統一である。新約の段階になると回心後は神は霊として人の内に宿る。そういう要素を旧約で考えてみよう。ルアッハ（רוּחַ）を別とすればネフェシュ（נֶפֶשׁ）であろう。この語は元来「いき」を意味し、これは物質的とともに精神的、霊的次元の存在であり、人に宿って霊肉双方の生命を担うと解されている[23]。霊肉一元論である。ギリシャ的霊肉二元論とは異なる。後者の場合には二元論から神秘主義的な恍惚的

体験が生じる。神への人格的信仰はそれとは異なる。神秘主義は一種の自然的現象なのである。人格は自然を超えているのである。とはいえ罪に染まった肉体としても生きているので、霊の全面的支配という情況にはなり切れない。霊肉の争いが生まれる。これは神と人との格闘の内実でもある。可視的世界内のものはそれが自己目的にならない限り霊と衝突はしない。だが罪の支配下でそうなると争いとなる。

　霊の授与者は神だが、その神はアブラハムの神（創世記26,24）、アブラハムの神、イサクの神（創世記28,13）、アブラハムの神、イサクの神、ヤコブの神（出エジプト3,6）などと表現されている。こういういい方が可能ということは人が神に向かって開かれているのみではなくて、逆に神が人に向かって開かれていることを示す。相互に開かれている。しかも神に個人名がつくことによって人間の側から見れば当人固有のものになり、原則としては他の人々とは無関係になる。品物にしてもある特定の人のものになるとそうなるのである。神についても類似の消息を見うるであろう。神と人との関係において他の人々を排除すると共に他の神々をも排除することとなる。そうしてこそ神と人との関係は絶対的となる。しかもアブラハムの神やイサクの神はイスラエルの神でもある。かくて共通の神が先にあるのではない。個々の人々にとっての神がまず先にあるのである。共通であるのはその次のことであろう。共通的な神を先に考えてしまうと、神は観念的性格を強くするであろう。なぜなら個々の人が信じる前にまず神が存することになってしまうからである。観念的にならぬためにはまず個人が信じることが先になければならないのである。かくてまず先に個人が信じた神が次々に次の世代へ、あるいは同世代の他の人々へ伝えられていくという形になるほかないのである。

　神からネフェシュを受けるアダム（創世記2,7）は単に人類の始祖としての個人ではない。これはアダムが罪を有する人類の原型として解されている（創世記3章）ことからも分かる。個人であるとともに人類全体である。これは神のことを意識する度合いが強いことの反映であろう。神という意識が強くなればなるほど神によって創造されたものとしての人間という側面が強く意識されるからであろう。神という意識が低くなるにつれて人間相互間での争いが起きる

などして個人対個人という意識が強くなるのであろう。内憂有るに非ずんば、必ず外患有りにも似た消息であろう。ただ現代では逆に神の意識が強くなると、個人としての意識が強くなるであろう。そういう違いは当時と現代との社会的情況の違いから由来する。当時は民族としての神信仰は一般的、現代では逆に少なくとも日本では神信仰をしないのが一般的である。こういう点とも関連すると思うが、人の判断と神の判断との区別は大切である。「わたしの思いは　あなたたちの思いを、高く超えている。」（イザヤ55,9）といわれている。また「人間の道は自分の目に清く見えるが　主はその精神を調べられる。」（箴言16,2）ともいわれる。究極的判断はどこまでも神の側に属している。そのように委ねることによって人は身も心も軽やかになりうるのではないか。ヨブの場合を見てもそう思われる。さらに、こういう点は客観的には善悪の知識の木（創世記2,17）から食べた前後でのアダムの在り方に現れる。前では神と人とは一という在り方で生きていた。後では我と汝という対話の情況となった。対話以前の一から対話という二へと転落したのである。罪の介在によってそうなったのである。罪がなければ神と人との間にはいかなるものの介在もないのである。一という在り方では人が神を神として意識すること自体が生じていない。このことは創世記1,2章を見ても分かる。かくて神を意識するのは罪に堕ちた結果ともいいうる。神はそうして自己を意識させて人に自己反省、自己改革を迫っているのである。ここには神の意志が働いているのである。人はどこまで逃げても神から逃れえないという事実がこういう形で人の意識に反映しているのである。これは神の人に対する思いやりの一端といえる。堕罪の結果、神はこういう仕方で人との間のいわばパイプを確保したのである。人は好むと否とにかかわらず神を問題にせざるをえないのである。そういう意味ではどの人も神に向かって開かれているといえよう。いわば半強制的にそうさせられているのである。この事実が啓示受容の背景となるのである。

　ここで霊の特質について考えたい。旧約は哲学書ではないので何事につけ体系的には論述してはいない。そのようなことは不必要だったといえる。人のなすことは、体系的思考も含めて、神の前では無に等しいからである。人が作成する体系へ霊をはめ込むことはできず、それは本末転倒である。まず天を測る、

主の霊を測るツィケーン（טפח）ということがいわれている（イザヤ 40,12 以下）[24]。霊は天が広がっているように広がっているのである。当時の人はきわめてリアルに霊を実感していたのであろう。天空が人の生きる世界全体を覆っているように霊もそうしている。人間界全体を霊は隈なく覆っている。かくて人はいかに努力しても主の支配領域から脱却はできないのである。このことは人にとってきわめて幸いなことである。逃げても逃げても神は追っかけてきてくださるのである。逃げ切れずに遂に神につかまる。まことに結構である。先のイザヤの言葉によると霊は天高く舞っているとのイメージが湧く。だがそういう存在がいうまでもなく全地に浸透してもいるのである。もし霊的世界がないとすれば自然的世界のみとなり、人の行いなど基本的には問題外となる。そうだとすれば「食べたり飲んだりしようではないか。」（第一コリント 15,32）ということとなる。やはり霊的世界は厳然として存するのでなくてはならないであろう。だが旧約においてさえ霊媒などの迷信的行為は禁止されている。これは霊を自然的要素の一部と解してのことであろう。かくて霊的世界とは倫理的行為と一体的なものと考えなくてはならないであろう。

　エゼキエル 37,14 によると、「お前たちの中に霊を吹き込む」といわれている。そうして枯れた骨が生き返る。墓の中の骨は人の世の虚無性を端的に表している。神の力は生死の境を超えているのである。死をも支配している。霊を信じることは生死を含めた全被造界の堅牢さが崩壊したという信仰的リアリティを反映している。かくて実際に白骨が生き返ろうとそうでなかろうとそういうことは問題外なのである。そういう仕方で自然を超えている。ここに霊の自由があるのである。かくてそういう一種の奇跡物語は霊的自由がそこに支配しているか否かのいわばリトマス試験紙のようなものであろう。自由自在に奇跡物語を創造できるのである。神の世界創造に対応したことであろう。ほかにも新しい霊を置くといわれている（エゼキエル 36,26）。人の決断が即ち神からの新しい霊の授与なのである。神からの人への開示性と人の神への開放性との一たることが分かる。しかし「わたしの思いは、あなたたちの思いと異なり　わたしの道はあなたたちの道と異なると　主は言われる。」（イザヤ 55,8）ので、この「一」たるところを人の論理で解明し尽くすことはできないのであろう。少なく

とも今現在は。このように霊は吹き込まれるが、反対に取り上げられる可能性もある（詩編51,13）。このように吹き込んだり、取り上げたり神の思うままである。人の思惑の入り込む余地はないのである。神の一元支配の世界である。霊はどこまでも神のものである。人のポケットに入ってしまいはしない。逆に霊が人を所有するのである。その必要がなくなれば霊は人を離れる。

　霊ということについては、現実に悪霊に取り付かれているとしか思えないような出来事に出くわすことがある。こういう事実から霊の存在へ思いが至り、信じうるようになる場合もあるであろう。ここから神を霊として信じることも生じよう。さらには霊的世界一般を。神は霊として存しているとしてしか信じようがないであろう。だが真には神は人が霊と考えるような存在ではないであろう。なぜなら神と人との間には断絶があるので、神は人の概念をはるかに超えているからである。このような霊としての神の存在への信仰は人間世界の中にその根拠の一半を有しているのである。悪霊に取り付かれた人間の存在という現実が先にあるのである。これとは全く反対に宗教といわず政治、経済、芸術などあらゆる分野を含めて、創造的精神は個人の魂の内に宿るので個人が大切である。ここには人を超えた何かを予感させるものがある。このように善、悪双方の方向において人は霊への予感を持たされているのである。

　(b) 霊の由来

　霊はヤハウェに依存しており（創世記3,8;6,3、出エジプト10,13;10,19;14,21、民数記11,31）、神はこの力を引き戻すこともできる（サムエル記上16,14、士師記9,23、列王記上22,22）[25]。「風」という語で訳されている場合が多い。霊の授与に応じて、神の言葉は人の近くにあり、口と心にあるので、それを行いうるとある（申命記30,14）。決してできないことを要求されているのではないことが分かる。口と心といわれている。心にあることが口を通して外に出てくる。そこで内外の対応がいわれ、これらが一たることが示されている。神を第一義として受け取れば、神の言葉は心の中にあるのである。神の人への開示と共に人の神への開放とが理解される。本来は神に属す神の言葉が人の心にあるとされるのだから、換言すれば神が真に人を信頼しているので、行いうるといって

いるのである。人にはその信頼に応えるだけの信実が要求される。こういう観点から興味深いのは、「その教えを昼も夜も口ずさむ人」(詩編1,2) という言葉である。行いうるからこそこのようにする意味もあろうというものである。形の上で個々の戒律を守りさえすればよいのではない。ただ神が人を裁くことは全くしないのでない限り、人が神への"恐れ"を抱くことは不可避であろう。事実過去においてそういうことはいくらもあった。そこで教えを守るといっても、そういう恐れが背景にある限り自由な立場から守ることにはならない、なりえない。わずかでも恐れの意識のある限り。かくてどこまでいっても教えと人の実存とは離れたままであるほかない。いかに実行し自分としてはこれでよいと判断しても、それはあくまで自己の判断であって神よりの判断ではないからである。不安はいつまでも付きまとう。こういう点からは「神に従う人の道を主は知っていてくださる。」(6節) というのは大変心強い。こういう告白をする人の心はすでに世を超えて神の許にある。そこで当人にとっては世での出来事は神の意志によって貫かれている。地上の出来事の一つ一つが一対一で対応して神の御心を反映しているのではないが。そういう感じ方はかえって肉のそれであろう。基本的には霊的自由のほとばしりがある。霊の発露がある。目はすでに地上を離れている。地上のものを見ているが見ていない。かくて地上のことをただ地上のこととして見るのとは異なる見方があるであろう。つまり世を超えたところから世を見ている。世のことを終末をも含めた世を超えたところから見る。したがって悪人が世で栄えることがあっても決して続かない、最後は必ず滅びる、と信じる。終末では必ずそうなるが、今すでにそこに立って世を見る。今現在の出来事、情況を見てもそこへ目が留めつけられはしない。そこを透過して終末へ届いている。悪は今既に滅びているのである。こういう観点に立っているのでヨブのような情況にあっても忍びうるといえる。思うに現実の背後に神を考える考え方そのものが終末を考えることと対応している。場所的、空間的背後が前者であり、時間的背後が後者ともいえる。現実界が時空的に動いている限り、どちらか一方を考えることは不可避的に他方を考えることとなるであろう。

　先に神の言葉が口と心にあるといった (申命記30,14) が、イザヤ1章では

「主が語られる。」(2節)、「主は言われる。」(11,18節) といわれる。ここでは神が語る主体である。現実には自分の語る言葉について、神が語り主といっているのである。神と自己とを一元化している。これにより預言者の権威が保証されている。アッシリアが神の経綸の道具となっているように別の意味でそうなっているのである。神はこういう仕方においてもハーヤーしているのである。直接にではなく、預言者という存在を通して間接的に。霊が入ることにより人の自我が破砕される。こうして人ははじめて自我の彼方へ目と心とを向けられるのである。これは信仰が主体的であることとも関係している。神の名前に例えばアブラハムの神というごとく、人の名前がついていることとも関わっている。霊はその都度与えられるのである。霊の授与により人は聖となるのである。こうして人は種々の問題に取り組みうる、神から給わったともいいうるようなスタートラインにつくこととなるのである。

　こういう霊の立場はギリシャ的世界と東洋的世界の双方を超えているといえるのである。前者は客観的観察、認識の立場であり、後者はそれと一体的な無の立場である。両者は表裏一体である。人が有の側に立つ、立とうとするか、あるいは反対に無の側に立つ、立とうとするかの違いである。禅者自身が有無二つの世界への出入りの自由ということをいっていることからもそうであるといえよう。旧約的な霊の立場は以上の双方の立場をともに突破していると思う。双方のうちの一方を突破することは必然的に他方をも突破することとなるのである。

(c) 死の世界

　以上の霊的世界と正反対の死の世界について。古代の三階層的世界観へとまとまっていくような世界理解にあっては、死者の世界は一つの領域として受け取られている。陰府の国では死者はそこへ行って闇の中でじっとしており、かくて苦楽の終わりをも意味する。「死の門からわたしを引き上げてくださる方よ。御覧ください　わたしを憎む者がわたしを苦しめているのを。」(詩編9,14)を見ていると、苦しみは既に死を指しているように思われる。かくて極度の苦しみは既に死なのである。我々現代人の感覚とはかなり異なっている。さらに

「死に襲われるがよい　生きながら陰府に下ればよい」(55,16) によると、生死の区別もはっきりとはしていない。これは死を現代でのように生物学的に解するのではないからであろう。宗教的色彩が見られる。これは宗教と科学との未分化という事態とも一のことであろう。さらに、「彼らの魂を死に渡して惜しまず　彼らの命を疫病に渡し」(78,50) といわれる。これによると身体の病気と魂の死とが連動している。病気になることは魂には死を意味しているのである。要は生死の境が明確でないのである。こういう体験は、それが神への信仰と一つである限り「生也全機現、死也全機現」で表されるような体験とどこかで触れ合うように思われるのである。現代でのように医学が発達していないので無理もないが、境が不明確ということと死者の骨が生き返ってきたという話（エゼキエル37章）とは呼応している。一度死んだらそれで終わりというのでなく、神が命の主なので神の力によって生き返ることは何の不思議もないのである。主が生死を決めるのである。「わたしのほかに神はない。わたしは殺し、また生かす。」(申命記32,39)、「わたしはあなたの寿命を十五年延ばし」(列王記下20,6) といわれている。ここから生き返らされるという考えも生まれるのであろう。こういうものの感じ方は創世記での天地創造という考えとも呼応している。現代人のように自然科学的に生死をただ受け取るのではないのである。死が客観化され、自立化されるのは黙示文学になってからと解されている[26]。

　いずれにしろ塵から造られたのだからまた塵に返る（詩編104,29）。死はすべての人にとって避けえない定めである。神への信仰から脱落すると人とはこんなにはかないものである。全面的に神によって生きているのである。神から離れた自己はもはや生きてはいない。自己と神とが別個に存して、次に二次的に関わっているのではない。神が生きているので自己は生きているのである。生かしめられて生きている。ただただ神のみが生きている世界なのである。ここにはもはや自己という固有な人の存在はないといっても過言ではないであろう。このことは当時民という意識が強く個人という意識は低いことと通じているであろう。生死の境にあいまいさがあることは人が人自身のこしらえた固定観念に取り付かれていないことを意味する。それだけ自己自身から自由たることである。これに対し現代では一般には生命が神から由来するとは信じていないで

あろう。哲学や科学が発達すればするほど人は自己が作り出した「被造物」に逆に囚われてしまう。そこで禅でのようにそういうものを一括して放擲せよということになるのであろう。そういう点では「即非の論理」で表されるような体験は以上でのような「生死超越の境地」とどこかで一脈通じているであろう。

　ところで、死は罰ではなく地上での苦労の終わりとして記述され（創世記3,19）、その時点では不死でないが命の木から食べてそうなるかもしれなかった（創世記3,22;24）という解釈も存している[27]。旧約では人が元来は不死とは明言していないというわけである。そうとすれば仏教での無常に似てくる。罪の罰として死がきたというのでなく、不可避的運命という理解であろうから。堕罪という要因が入ってくると、よりキリスト教的になり仏教との違いが前面に出てくるが。旧約ではかくて人のあるがままの状態をそのまま受け入れているとも解しうる。確かにはっきり不死とは書かれていないが、反対に命の木から食べる前では死ぬとも書かれていない。どっちとも書いていない。未決である。食べなければ不死となったかもしれない。そういう可能性はあったのである。食べた後で神は人に対して死という過酷な宿命を与えたが、人はそれを神の決めた定めとして受け入れていることを示している。どんなことであれ神の定めたことを受け入れたことを示している。こういう情況も生死の境が不明確という事態と一体と考えうるであろう。

　さらに、堕罪物語が死が罪の賃金であることには触れず、それは旧約全体においていかなる役割も演じておらず、堕罪が被造界の秩序を妨げるとは考えていないとの解釈も存している[28]。堕罪物語自体においては確かに明確には罪から死が来たとはなっていないのであろう。「土は呪われるものとなった。」（創世記3,17）とか「塵にすぎないお前は塵に返る。」（19節）という。ただ「死んではいけないから」（3節）とある。これは食べる結果としての死を予想させる。つまり食べるなという神の言葉を守らないことから死が来たということとなろう。このように罪から死が入ってきたとも解しうるし、そうではない解釈もありうることは、結局当時では個人は民の中の個人としてしかその存立を考ええなかったという事実を反映しているのであろう。しかし宗教的文書はあくまで実存的な信仰告白が基本であることを思えば、アダムから罪が伝播するという

ような理解より自己自身の罪の告白を基本に据えるべきであろう。つまり死とは塵だから塵に返ることであって、堕罪とは無関係のことであり、死は死として存していて、その上に人が罪を犯すとも考えうる。罪と死という現実は分かっているがそれらの関連は分からないのである。つまり人の存在が全体としては理解できていないことを意味する。人の存在の不可思議を克服しえていないのである。かくて神への信仰と人の存在のこういう不可思議を解きえていないこととは、むしろ逆にそれらは一になっているのである。つまり人間存在が不可思議であればあるほど神への信仰はより深くなっていくのであろう。そして罪と死とが結合していないことはまた人間存在の全体的理解は不十分のままにしておきうることを示している。神への信仰が目的であるからであろう。また堕罪物語は旧約全体からは浮いているということであろう。人知が及びえない領域について議論はしないのである。神話的にあのような物語を表明しているだけなのである。堕罪した状態しかないのであるから、罪は前提となっているのである。旧約が全般的にその物語に触れないのは現実的にものを考え、感じるのでそうなっているのであろう。終末に関して思弁的、神秘主義的表象を思い描かないことと呼応しているであろう。人知を超えた領域へは立ち入らないのである。また人類始祖の堕罪が被造物の全秩序の妨げへ通じるとは思わないことは体系的に考えることはしていないことを意味する。体系的、統一的に矛盾しないように考えて人の理、知性に収まるようにしようとはしていないのである。「わたしたちの知識は一部分、預言も一部分だから。」(第一コリント 13,9)といわれているように、そういう情況で満足するほかないのである。

　定めの受け入れを表している事柄をここで考えてみよう。まずアブラハムの死の場合、長寿を全うし満ち足りて死んだと記され、残された者も淡々と埋葬している (創世記 25,7 以下)。一方ヤコブは死を直前にして気持ちが淡々としている (49,29 以下) が、しかし息子のヨセフは父の顔に伏して泣いている (50,1)。かくて死を直前にすると少なくとも本人はかえって心が平静になるといえる。後に残された者が嘆き悲しむ。このように淡々とした記述もあればそうでないものもある。いずれにしろ本人には死に対しうろたえた様子は見られない。族長たちの死への態度は超然としている。禅者のようでもある。死が来たれば生

のことは思わずただ死のみである。死のみとは死もないことである。薪が灰になるたとえにおける前後際断を感じさせる。陰府の世界も神の摂理下にあるという思いがこういう淡々さの背景にあるであろう。こういう点にもいくらか関連すると思うが、詩編73編の祈り人はヨブより一歩進んでおり、神は死においてさえも信仰者を保っているとの理解もある[29]。26節では心身ともに朽ちるが神が永遠にわたしに与えられた分という。「とこしえに」とあるので死の彼方までが見据えられていることを表している。ここまで神のことを深く思うという事実は、決して神秘主義的、体験的にそうなっているのではないが、自己と神との一を表す。人の側でのすべてが今失われて神と一になっているのである。わたしの分とは自己と神とが何らかの共通の場にあることを含意するであろう。完全に自己のものになっているという感覚さえもあるであろう。28節での「神に近くある」も同様の事態を示唆する。

　ただ死の領域は神がハーヤーする領域ではない。「あなたたちは、あなたたちの神、主の子らである。死者を悼むために体を傷つけたり、額をそり上げてはならない。」(申命記14,1)とある。これは死者よりも生きている人々を大切にせよとの主の御心といえる。ヨブ記においても「人も陰府に下れば　もう、上ってくることはない。」(7,9)、「だが、倒れ伏した人間は　再び立ち上がることなく　天の続くかぎりは　その眠りから覚めることがない。」(14,12)といわれている。神と死とは峻別されている。神とは生命の源であるからである。罪なき神に死はないのである。「死の国へ行けば、だれもあなたの名を唱えず　陰府に入れば　だれもあなたに感謝をささげません。」(詩編6,6)ともいわれる。旧約では神摂理の確証をこの世の事象において得ようとしており、死、死後の生などはヤハウェが妥当する領域ではないと解されているのであろう。そもそもヤハウェとイスラエルとの契約は民が対象で個人の運命は対象外なので、病気、癒し、死、死後の生などはヤハウェが妥当する領域ではないと解されている[30]。契約の性質上、個人という意識は低い。しかしいかに民の中にあっても契約を守らねば裁かれるのである。かくて個という点は大切である。ただ契約の一方の当事者ではないのである。だから個人に対しては神は超越的存在である。だからこそ個人は神に依拠しうるのである。だがヤハウェの領域から抜け落ちて

いる病気などは個人にとっては大変重要な事柄である。にもかかわらず抜け落ちている。つまり個人として世にあって生き神の栄光を表すのに役立つ範囲で個人は問題とされているのである。それだけ神中心的に思考されているのである。死とか死後の生とかが不問に付されるということは、そういう考え方をしている人間自身が神という存在へ関心を集中させていることを表す。人間固有のことについては関心が低いのであろう。神に属すことが第一で、人に属すことは二の次なのである。人が死後のことについて思い煩わないほどに、神のことが意識の全面を占めているのである。イスラーエル（エルは神の意）という民族の名前から判断してもそのことは理解しうるのである。

(d) 仲保者と人に与えられる義

仲保者モーセについて。いかに神を直接的に信頼するといっても、少なくとも言葉を介するほかはない。アブラムが神の命に従い出発した場合（創世記12,1〜9）を見ても、アブラハムがイサクをささげようとした場合（創世記22,15〜18）を見てもそうである。そのように神・人間間では何かを介する以外ないのである。人に罪がある以上、顔と顔とを合わせてみるというような直接ということは今は欠けざるをえない。モーセが山上で主と会った後、再び御前で主と語るまで顔に覆いをつけている（出エジプト34,34以下）。たとえ覆いがなくとも神を直接見たのではないであろう。かくて真の意味での直接ということはそもそも最初から欠けているのである。罪の重大さを思えば当然のことであろう。罪があるので神への関係の成立にはキリストを通してというほかない。これは普通に考えると間接的となろう。しかしキリストは神でもあるのでこれこそ真に直接的ともいえる。人の罪を前提として考える限り、直接性とはこういう仕方にならざるをえない。「わたしを見た者は、父を見たのだ。」（ヨハネ14,9）といわれているとおりである。間接的直接性とでもいえるであろう。直接的直接性ということは終末まで許されないであろう。

民がモーセに仲保者としての役割を依頼している（出エジプト20,18以下）。ヤハウェは「今は、わたしを引き止めるな。わたしの怒りは彼らに対して燃え上がっている。わたしは彼らを滅ぼし尽くし、あなたを大いなる民とする。」

（出エジプト32,10）と宣言する。それに対してモーセは執り成す。すると主はご自身の民にくだすと告げた災いを思い直された（14節）のである。いつもそうとは限らないが、神はモーセの執り成しを受け入れる用意があったのである。神はやはり自己の意にかなった人のいうことなら聞き入れてくださるのであろう。ただたとえそうでもモーセといえども所詮は仲保者である。彼自身が神の霊と一ではない。神はその意志によって彼に給わった霊を回収するのである。彼の最後を見れば分かる。彼は約束の地には入らず仕舞である。彼はその役目から解かれる。主の言葉を聞く時覆いをしていないほど人としては神に近くとも人としての分を守るように神は定めている。陶工の話（詩編2,9、ローマ9,21など）を思い起こさせるのである。

　古代イスラエルでは神の啓示は預言者などの個人を通して与えられる。この点は古代に限ったことではない。現代でも同様であろう。ただ預言者というごとき形を取っていないのである。特定個人が直接神からというのではなくて、キリストを信じることによってカリスマを受けているのであろう。

　次に、義と恵みについて。義[31]ということは人の判断を超えている。普遍的性格のものである。「心にかかれた律法」という言葉もあるとおりである。人格とはすなわち義への固執と不可分のことである。ここからまた強さということも生まれる。義と強さとは不即不離である。義という内容の欠けた強さとは一体何であろうか。単なる破廉恥へと転落するであろう。そもそもそういう内容が欠けていると、強くあろうとする人格的根拠が欠けている。そこで強くあろうとすることも、また事実そうあることもできないのである。

　さて、確かに悪が永久に栄えることはありえないであろう。だが暫時そうである例は古今東西を問わずいくらでもある。「異邦の民は自ら掘った穴に落ち」（詩編9,16）とばかりはいかない。悪の自縄自縛に陥らない場合もあろう。究極的には神の意志によってそうなるのであろうが、常にそうであるのなら神を信じることさえ不要かもしれない。いわば天国が実現しているのであるから。そこで「主が現れて裁きをされるとき　逆らう者は　自分の手が仕掛けた罠にかかり」（17節）ということは終末論的観点に立ってはじめていいうることであろう。今と終末とが一体なのである。可視界を超えたものを信じることはそう

であるほかないのである。終末論的には神は義を貫かれるであろうが、今は愛、恵みがより大きいからこそ人類は生存し続けえているのであろう。最終的には義が貫徹される以上、そういう神を信じる我々も正義に則って生きることを旨とすべきであろう。損得よりも義・不義が生の原理となっているのである。個人も社会もこれの実現のために存しているともいえよう。預言者の多くにとってこの点は明確であろう。例えば「主は彼らの不義に心を留め　その罪を裁かれる。」(ホセア9,9) といわれる。そのほかホセア5,12、イザヤ7,20ではイスラエルへの裁きがいわれている。イザヤ31,4では反対に主は助けている。そういう義を愛する神への固執こそが種々の苦難の中にあって彼を支えている。「あなたの正しさを光のように　あなたのための裁きを　真昼の光のように輝かせてくださる。」(詩編37,6) といわれる。ここでは人の義が問題となっている。自己の義が白日の下にさらされることが願いなのであろう。そういう願いにおいて不安が克服されている。義なる神への信仰である。義という神ともいいうるような義なる神への信仰である。こういう信念はあらゆる可視的、世俗的情況を超えている信念であり、その情況如何によっては揺らぐことのないものである。人はすべてを知ることはできない。そこでこういう信念を永遠に維持しうるのであろう。さらに「主が何をおまえに求めておられるかは……正義を行い、慈しみを愛し……」(ミカ6,8) といわれる。神は人々に義への服従を求めているのである。このことは即ち神のイスラエルへの愛の表現なのである。自己の民なればこそのこういう要求なのである。その代表は預言者である。例えば「わたしがあなたのゆえに　辱めに耐えているのを知ってください。」(エレミヤ15,15) といわれる。神と預言者とは一体である。霊は神の深みさえも究めるという (第一コリント2,10) のと軌を一にしている。「むさぼり食べました……わたしの心は喜び躍りました。」(エレミヤ15,16) ということは、たとえ辱しめの中にあっても義の御言葉を見出しうればそこには喜びがあることを意味する。義への思いと喜びとは一である。預言者が辱めを受けるのは義に固執するからである。つまり辱しめは義を経由して神から来ているのである。「わたしがあなたのゆえに」(15節) という言葉からこのことは分かる。だからそれに耐えうるのである。義と神とは一だからである。

このように裁く面と赦す面とが見出される。一見矛盾したようにも見受けられる。ここには神自身の葛藤があるであろう。神はこうして人間、そして人類の命運に深い関わりを持っているのである。神が罰したり、恵みを施したりすることで人を正しい方向へ導こうとしておられるのである。かくて神が身近に感じられてくるのである。ではどちらが強力かといえばもとより後者である。「父祖の罪を子孫に三代、四代までも問うが、……わたしの戒めを守る者には、幾千代にも及ぶ慈しみを与える。」（申命記5,9以下）によってもわかる。悪くいえば人間中心的とも見えるのだが、そうでない限りイスラエルは存立しえなくなってしまうであろう。双方の面があってしかも後者が前者を上回っているから、開放性が人の側で生まれているといえよう。義への固執から神への信頼へ、さらにそこから開放性へと道は開かれているといえる。しかし逆にいうと裁きの面のある限り人の心は安らぐことはありえないであろう。いくら努力しても神の意には添いえないと感じると、人は意欲を失うという局面が生じてこよう。そういう点を余りにも深く感じると、自暴自棄的になったり悪魔的になったりする可能性さえ生じうるであろう。いずれにしても主の目標がイスラエルの確立にあることは確かである。「立ち帰れ、立ち帰れ、お前たちの悪しき道から。イスラエルの家よ、どうしてお前たちは死んでよいだろうか。」（エゼキエル33,11）といわれる。主自ら選んだ民の滅びを望む筈はないのである。むしろ反対にあらゆる民の上にイスラエルを立たせたいのである。

　両面の絡み合いについて考えよう。「主よ、わたしを懲らしめてください　しかし、正しい裁きによって。怒りによらず　わたしが無に帰することのないように。」（エレミヤ10,24）について、審判は応報的懲罰というだけでなく新しい出発点としての陶冶訓練の手段でもあるという解釈もある[32]。ここには裁きと恵みとの一体がいわれている。滅ぼすのでなく陶冶という恵みによって救おうとしているのである。このことは次の点と好一対をなしているであろう。つまり当然といえば当然のことだが、自己がいかに罪深いかということが理解されていてはじめて罪の赦しが与えられるということである。悔い改めへの呼びかけもそういうことであろう。

　ところで、モーセが主をなだめた（出エジプト32,11）後、主は民に下すと告

げた災いを思い直している（出エジプト 32,14）。ここでは神はモーセという仲保者によって意志を変更している。神は人の態度に反応して態度を変えている。神が何でも一方的に決めてしまうのではない。怒りの発動を抑えている。金の子牛を造ったことについての罪を赦すのである。自己への裏切りを赦す。最終的には主が決定している。こういう意味での主体性は別の面にも出ている。即ち例えばカインとアベル、エサウとヤコブなどの関係において兄より弟が選ばれているという事実である。人が堕罪しなければこういう問題自体が生じていないのだが、こういう情況は究極的にはどこかで調和させられるほかない。キリストの出来事においてそういう調和が顕著な形で生じたのである。かくてこういう矛盾は人の罪が神の中へ反映したものとも考えられる。かくてこの矛盾は元来神の中に内在しているものではない。そしてキリストの贖罪によって神はその本来の姿に再び帰られた、あるいは帰路に着いたともいえよう。

(e) 犠牲

最後に、犠牲について。犠牲の目的について大略次のようにいわれている[33]。祭儀上、あるいは宗教上誤って犯した違反に対してささげえたのであり、目的は本質的に道徳的、宗教的に新しく生まれ変わり、違反を恐れる感覚を心の中に育てることにある。以上である。神と人とが相互に心を開き合うのである。それなしに人の神との交わりはありえないのである。啓示という考え方自体が自己の内奥を他の異質なものに対して開き示すという観念が根底にあってのことであろう。再生されて人間が聖くされることが大切である。制度全体が神の聖を中心に据えて構成されていることが分かる。現世利益的な性格のものではないのである。神の許に心が届いていないと、つまり世俗的、現世的世界に根があり、そこに目と心とが留めつけられていると、現世での利益、安寧などが目的化するのである。すべては神から与えられたものなのに、そういう意識が希薄になるのである。また祭司を通して語られる神の言葉によってはじめてその物質的執行が救済の出来事になりえたのである[34]。祭儀においても精神的事象と物質的事象とが平行している。イスラエル的発想においては前者を後者から独立させるということは思い浮かばなかったことなのであろう。可視的

世界を神の創造によると信じていることと呼応しているであろう。目に見える
ものを軽視しない。心とからだとを分けては考えない点とも対応している。た
だ物質よりもむしろ神の言葉の方に重点はかかっているのであろう。犠牲の死
は聖俗の両世界を区別したままで相互浸透させることにあるといわれる[35]。そ
れには人が自己の心を虚しくし、開くことが必要である。そうでない限り霊は
宿らない。霊が宿れば人はいわば神の中に住むこととなるのである。一般の神
秘主義でのように神と人との隔絶性が消えることはありえないのである。だが
祭儀のようなことで真に開かれるのであろうか。開かれてはいないようにも見
える。しかし真にそうだと信じることによって、ことにおいて本当に人の心は
開かれた情況になるのではないかとも思う。だが本当にそのように信じうるの
であろうか。古代においてはあるいは可能だったであろう。しかし現代におい
ては困難であろう。そういう信じ方は世界がそれ自体の法則で動いているので
はなく、神が制御しているという信じ方と連動していると思われるからである。
一方のみ真実ということはないであろう。現代では一般的には世界、自然は世
界内在的法則によって動いていると信じているので、それと平行して祭儀にお
いて神と人とが相互浸透するという信じ方も困難になっているのではないであ
ろうか。

　そもそも神は民から自己目的化した犠牲を求めてはいない。例えば「わたし
はお前たちの先祖をエジプトの地から導き出したとき、わたしは焼き尽くす捧
げ物やいけにえについて、語ったことも命じたこともない。」(エレミヤ7,22)
といわれる。犠牲をささげよとの定めはヤハウェの本来の意志ではないのであ
る。ささげるという行為は不可避的に人がその対価を要求するという心理を生
み出すからであろう。ホセア6,6でも同様なことがいわれている。この聖句に
ついて、犠牲は神から自分を買い戻すことであり、神への内面的永続的拘束を損
なうという解釈も存している[36]。自分を自分で処理しようとしている。自己を
神に従わせるのではなくなる。この点を拒否しているのである。人の罪は本来
のものを逆転させる働きをするが、ここでもそうなのである。聖なる心を育む
という目的がかえって逆効果を生んでいるのである。それさえしておけばもう
それでよいという気持ちが生じるのである。特に民族の政治的、経済的情況が

よい時には、出エジプトに象徴されるようなイスラエルへの神の思い入れを忘れるという忘恩が生じる。喉元過ぎれば熱さを忘れるのは人に共通なのであろうか。忘恩がなければ犠牲を本来の意味において実行できるであろう。さらにアモス4,4以下について、捧げ物によって神を味方につけ、義務を負わせようとする人間の願望を見ているといわれる[37]。祭儀が人間主義的目的のために利用され、本末転倒になっているのである。神ご自身以外のこと、ものが目的になってはならないのである。このことは「神に従い正義を行うことは　いけにえをささげるよりも主に喜ばれる。」(箴言21,3) という言葉にもあるように、正義を行うことを意味する。祭儀よりも正義が優先する。このようにしての主との交わりは犠牲や食事によってではなく (出エジプト24,3〜8)、主の側からの主体的な判断によるのである。そうであればこそ人の側での心の揺れに対して独立しており、人の根拠、拠り処になりうるのである。

　犠牲について、「あなたの初子のうち、男の子の場合はすべて、贖わねばならない。」(出エジプト13,13) といわれている。神が天地を創造された。つまり始められたのである。だから最初の物はすべて神に属すというのは理にかなっている。男の子、動物なら雄だけをそう考えたのは創世記においてアダムを眠らせ、そのあばら骨からエバを造ったという話と平行している。当時の男子重視の傾向を反映しているのであろう。「あなたの初子をわたしにささげねばならない。」(22,28) といわれているが、これは贖うという意味であろう。

　結局、犠牲の供え物などは役に立たないのである。戒律があるとそれを守ればよいという気持ちになり易い。それは実は誤りなのである。戒律がそこから出てくる精神を忘れるからである。この精神というのは「こういう人々は、律法の要求する事柄がその心に記されていることを示しています。」(ローマ2,15) といわれているところのものである。宗教、信仰は形骸化してはならないのである。これは人の罪に根ざしているのである。ただたとえそういう精神といえどもそれが神の精神、清さへと直結するのではない。先でも「律法」といわれている以上、それは罪ある人にとっていわば一種の重荷にもなりうる性格を持っていることを示唆している。もし神の清さが人の心にそのまま内在しているのであれば、それについて「律法」(20頁以下参照) という訳語を使う必要は

なかったであろう。律法といわれている限り、そこには何らかの乖離、あるいは人がそれと一になり切れない何かが存していることを伺わせるのである。その何かが罪というものであろう。その正体は終わりの日に、即ち始まりの日に顕わになるであろう。

　一般的に自己の所有物を他に譲渡することは、その分自我を離れることを意味する。犠牲においても同じことがいえる。たとえ自己のものを喜捨するときでも、そういう行為に注意しただけでは十分ではない。これではいたずらに禁欲的となり、傲慢の罪に陥るからである。内面での賛同に注意を払わねばならない。内外一体でなければならない。ただ迷信や偶像崇拝に陥らぬためには正しい神にささげねばならない。神を人のような相対的存在とは異なる絶対的存在と信じていればこそ、ささげる相手を間違えると大変危険なこととなる。間違ったことが絶対に正しいこととなってしまうからである。

注
(1) Ollenburger,Martens,Hasel（ed.）;The Flowering of Old Testament Theology　1992
　　153頁以下 Edmond Jacob;The Spirit and the Word
(2) W.H.Schmidt;Alttestamentlicher Glaube　1996　84頁
　　ヤハウェという名は旧約より古く、イスラエル起源ではない可能性がある。
(3) L.Koehler;Theologie des Alten Testaments　1966　23頁以下
(4) Ollenburger,Martens,Hasel（ed.）;ibid　77頁
　　　　　　W.Eichrodt;Covenant
(5) W.H.Schmidt;ibid　34頁
(6) G.フォン・ラート　荒井章三訳　『旧約聖書神学Ⅰイスラエルの歴史伝承の神学』
　　1990　44頁
　　これはイスラエルがカナンに入ってはじめて知った神の属性である。
(7) L.Koehler;ibid　3頁
　　女神に相当する語はヘブル語にはなく、古代のすべての神々とは異なる。例えば
　　（שִׁלְשָׁה）（創世記18,2)、（יָרֵא）（創世記6,2)。男性形である。
(8) M.Limbeck;Das Gesetz im Alten und Neuen Testament 1997　50頁以下
(9) Ollenburger,Martens,Hasel（ed.）;ibid 437頁
　　　　　　J.D.Levenson;Idioms of Creation and Covenant
(10) Y.Amit;Hidden Polemics in Biblical Narrative 2000　101頁

(11)　L.Koehler;ibid 45頁
(12)　F.Avemarie,H.Lichtenberger（herg.）;Bund und Tora 1996　9頁
　　　　　H.D.Neef;Aspekte alttestamentlicher Bundestheologie
　R.E.Clements（ed.）;The World of Ancient Israel　1989　338頁
　　　　　R.Dadidson;Covenant ideology in ancient Israel
(13)　G.フォン・ラート　同上書　52頁以下
　あらゆる生命はヤハウェに属すので、人の生命が問題になったときヤハウェの直接的関心が問題となった。かくて古代イスラエルの法は宗教的色彩をもつ。
(14)　B.S.チャイルズ　近藤十郎訳　『出エジプト記　下』―批判的神学的注解―1994 102頁
(15)　G.フォン・ラート　同上書　295頁
(16)　M.Limbeck ;ibid 4頁以下
　出エジプト20,7;34,6以下　申命記5,11　民数記14,18などを挙げる。神の指示や命令も常に生命の保護を目的としている。イスラエルの従順を試すのが狙いではない。そこで創世記4,13でのカインの罰についても訳が揺れている。ルター、ツヴィングリではStrafeで、統一訳、ブーバーではSchuldである。ただ人の誤った行いの結果を直接の、神的な介入の結果として解釈はできる（エゼキエル3,20）。たとえそういう場合でも神の恣意的怒りが働いているのではなくて、人の誤った行いのそれ相応の結果なのである。このように神の命令は生命の保護が目標である。
(17)　M.Limbeck ;ibid 57頁
(18)　G.フォン・ラート　同上書　54頁以下
　　ただしR.E.Clements（ed.）;ibid 54頁
　　　　　A.D.H.Mayes ;Sociology and the Old Testament
　初期イスラエルが自らをヤハウェとの契約関係の中に立っていると考えていたことはありそうもないことである。ヤハウェを君主制以前の時期以来のイスラエルの唯一の神と表示することは後の構成であることが明らかになりつつある。
(19)　M.Buber ;Zwei Glaubensweisen 1994　84頁
　　M.Limbeck ;ibid 128頁
　パウロによればシナイの律法とキリストの律法とを争わせるのは無意味である、後者もまた律法として生命を与えてはくれないからである。確かに最後の審判がある限りそうであろうと考えられる。
(20)　Ollenburger,Martens,Hasel（ed.）;ibid 314頁
　　　　　E.A.Martens ;Land and Lifestyle
　土地についてはヤハウェが所有者のままであった。不正なことをするとその土地が汚れるのでそういう行為を主は禁止している。イスラエルは自分のものとして拠り所となりうるようなものは何も持っていない。このことは主への開放性へと通じていると考え

られる。
　　関根正雄　　『イスラエル宗教文化史』1964　66頁
　　砂漠から沃地への移動に伴い、イスラエルは文化と正面から対決した。例えばレカブ人の神は自然神、これに対してイスラエルは神を自然と歴史の神としていた。
　　G.フォン・ラート　　同上書　　21頁以下
　　エジプトでの隷属—シナイ—荒野放浪—カナン定住という出来事の一直線の連なりの背後に実際の歴史の流れを捉えるという考えは誤りと証明された。神学的理解があってそれによって伝承が結合されて形成されていると考えられる。

(21)　S.Japhet ;The Ideology of the Book of Chronicles and its Place in the Biblical Thought 1989　380頁以下
(22)　W.H.Schmidt ;ibid　54頁
(23)　関根正雄　同上書　　116頁
　　G.フォン・ラート　　同上書　　208頁
　　人間の本質についての表象は旧約では統一的ではない。最重要な概念はネフェシュである。基本的意味は喉であるが広い意味では人の生命力を表した。それは飢え（申命記12,15）、吐き気をもよおし（エゼキエル23:18）、憎しみ（サムエル記下5,8）などの働きをする。そして特に死にうるのである（民数記23,10）。ヘブル人は精神的機能と肉体の生命力を分けなかったのでこの語を魂と訳すのは避けるべきである。ネフェシュは肉の中に住むがそれとは区別される（イザヤ10,18）。
(24)　W.Werner ;Studien zur alttestamentlichen Vorstellung vom Plan Jahwes 1988　106頁
　　イザヤ40,12〜17について「天を測る」（12節）と「霊を測る」（13節）とにおいて、（תכן）= bestimmenが使われている。このことは霊が長さ、深さ、広さにおいて広がっているような次元の存在たることを示す。霊は「ルアッハ　ヤハウェ」となっている。
(25)　H.Cazelles ;Alttestamentliche Christologie zur Geschichte des Messiasidee 1983　63以下
(26)　G.フォン・ラート　　同上書　　513頁以下
　　ヤハウェによって否定される現実性として死を客観化して自立させるようになるのはようやく黙示文学に至ってからである（イザヤ25,7以下など）。
(27)　R.E.Clements（ed.）;ibid 402頁以下
　　　　　　　M.A.Knibb ;Life and death in the Old Testament
　　また突然、あるいは早すぎる死は明らかに旧約では神の罰として見られているが、死すべきこと自体はそう見られてはいない（詩編90編は部分的例外）。
(28)　L.Koehler ;ibid 165頁以下
　　堕罪の物語は死が罪の賃金であるという点については何もいわず知らない。旧約全体においてこの物語はいかなる役割も演じていない。
(29)　W.H.Schmidt ;ibid 384頁

(30) L.Koehler ;ibid 53頁
(31) G.フォン・ラート　　同上書　　498頁以下
　　義（צדיק）が前置詞（ב）と結びつくと、一つの領域のようなもの、人を引き付け、特別の行為を可能とせしめる力の場と考えられた（詩編89,17;72,3;69,28）。義である（ツァディーク）ことの特徴は第一にヤハウェの意志啓示に対する愛着、第二にこの意志啓示に対する内的生関連の継続性である（詩編119編）。
(32) ATD 20 『エレミヤ書1〜25章』　1985　262頁
(33) イジドー・エプスタイン　『ユダヤ思想の発展と系譜』　安積鋭二、小泉仰共訳　1975　28頁
(34) G.フォン・ラート　同上書　346頁
(35) R.E.Clements（ed.）;ibid 278頁
　　　　　　P.J.Budd ;Holiness and cult
(36) ATD 25 『十二小預言書　上　ホセア―ミカ』　1982　96頁
(37) 同上書　300頁

第2章

神からの啓示への人の対応

第1節　神観などの中心的事項

(a) 神観の生まれる情況

　啓示はある一定の歴史的情況の中で与えられる。そこでそれから普遍的真理を読み出さねばならない。その際教義学が必要となる。歴史的研究からのみでは普遍的なるものを見分けられないからである。価値判断が要請されるのである。そこで歴史的啓示から種々の伝承が作られていると、そこから普遍的真理を読み出しうるのである。歴史的とは相対的ということを意味せざるをえないからである。しかるに啓示とは絶対的な次元のものを含んでいなくてはならないのである。絶対的な神に関わるような次元の事柄でない限り理性による判断が有益であろう。ただ絶対的なものに関してまで理性で判断すると人は傲慢の罪に陥る。だが反対に有限な次元の範囲では理性を大いに発動しなければならない。さもなければ優柔不断に陥りかえって傲慢とは反対の罪に陥るであろう。こういう観点から神観などについて考察したい。

　神観の生まれる精神的情況について。もし仮に死後においても悔い改めが可能であれば、この場合霊魂は不滅となるが、悔い改めが可能なので現世での生活が十分管理できなくなろう。やはり悔い改めは現世限りでなくてはならないであろう。現世と来世とは切り離さなくてはならないであろう。個という次元を重視して信仰を受け取るとこのようになろう。現実的にものを考えることは現世での生を重視することを意味する。したがって神もこの世界を導くものと

して信じるのである。ここから一般的にいって神についての抽象的議論は排除される。人が神を定義して例えば最高の善などと考えるのは人の思い上がりであろう。哲学は驚きから始まるといわれるが、そういう驚きはあくまで可視的世界の中でのそれであろう。理神論的考えは生まれるかもしれないがそこまでであろう。かくてそういう驚きは必ずしも真の宗教的次元へと高まりはしない。そうなるには驚きそのものが別種であることが必要であろう。あるいは少なくとも驚き方が異なることが必要であろう。そしてこの場合驚きではあるがもはやそうではない地平へと出ているのである。こういう地平では人が神の本質、属性を規定するのではなくて、神が人のそれを規定するのでなくてはならない。本末転倒は許されない。こういう点から見て聖書の神は生きた神でギリシャ的形而上学でのような非人格的存在ではないので、フィロンのロゴス観とは異質であるとされる[1]。もっともユダヤ人でもそういうギリシャ的考え方をする人もいるであろう。こういう事実はユダヤ人は全員ギリシャ的考えとは異なって考えるということではなくて、それらの考えはそれぞれの典型的な型として受け取られるべきことを示している。人としてはすべての人に共通的要素があるのであるから、これは当然といえよう。欧米のキリスト教は西洋的、ギリシャ的立場から聖書的、ヘブル的ヤハウェ信仰やキリストを解釈している。一方我々は東洋的、禅的立場との関連をも視野に入れてそれらを解釈しようとするのである。無からの創造というような思弁的なことに聖書は無関心である。こういう観点から見るとき旧約は新約よりも劣るとされる[2]。西洋的、ギリシャ的哲学の観点からはそうなのであろう。理性主義的見方をするのは本来お門違いなのであろう。理性による探求は有限的世界内での事柄である。聖書は人間の側のことよりも神の側からのことをいうのが本来の目的であるからである。哲学的な人間的次元のものが脱落すると、そこでのものの考え方は新約でいえばパウロとも共通的となるのであろう。世界、否全宇宙が神の被造物と受け取ればそれで十分である。神を概念的、観念的に把握しようとするのは木に上って魚を求めるがごとしである。またざるで月をすくうがごとしである。概念の網には掛かり給わないのである。霊は概念を突破するのである。理性は自己の分を守らねばならないのである。概念は人のもの。人は神のもの。かくて概念

は神のものである。概念の主は神である。従たる概念はどこまでも主たる神の下僕である。ここで主従逆転はありえないのである。人は存在全体として神以下である。そこで人の全体力、全能力を動員しても神にまでは手が届かないのである。全宇宙が神の被造物ということは我々が今立っているこの地もそうだということである。概念を動員し遠くに求めるのではなくて、脚下照顧である。神は近くにいますのである。

　さて、「あなたたちは語りかけられる声を聞いたが、声のほかには何の形も見なかった。」(申命記4,12) といわれる。見ることのできないものについて表象することはできない。もしそれをすると人の勝手な思想に過ぎないこととなる。かくて当然偶像禁止となる。あえて可視的な像を造らなくても、頭、心の中でこういうものとして像を描くこと自体も一種の偶像崇拝となろう。たとえ神と出会うとも、その神について概念的に思い描くのは正しくないのである。出会いは人を表象へと導きはしないのである。むしろ神に知られているという事実が先にあるのである。そのことがあってはじめて神は人が神を知るように促すのである。信仰者は哲学者と違って神に祈る。神は人格的存在としてその祈りを聞く。そして当人と霊で交わる。霊によってはじめて人は主体的存在になるのである。それまでは半主体である。真の主体ではない。霊が宿ってはじめて主体対主体の相対応となる。ここではもはや主客の別はないともいえる。別なき次元での別である。こういう境地では神の存在を理論的に論証しようとしたりはしない。そもそもそういう活動では納得できない。理性は霊の前では無力である。日の下での露のごとしである。信仰者は自己の全存在をもって神の存在を証しようとするのである。信仰とは殉教である。少なくともそういう精神なしには成り立たないことである。理論的にではなく、存在的に神に極力接近するのである。啓示によって人が克服されてそうなる。しかし啓示をシンボルと解すると啓示は一種の概念化を受けることとなろう。これでは啓示本来の罪突破の力がそがれてしまう。人間化されるからである。論理的思惟の限界を超えての西洋的キリスト教理解の克服が必要である。啓示はどこまでもその都度その都度のことである。そこで時空を超えた統一的神学的立場からの啓示解釈は破綻するのである。普遍的、無時間的、超越的真理重視なのでそうなるので

あろう。

　ギリシャ思想とヘブライ思想とはいわゆる東洋思想に比べて歴史的にはさほど離れてはいない。しかし内容的には大いに異なっている。絶対的存在に内的に関わろうとするとき、そういう存在は理、知性的認識の対象にはなりえないことを忘れてはならない。そういう関わりが真にできるにはまず我々が神によって捕らえられ神的領域の中に存していることが必要である。人の心の働きは知情意だが、哲学的知がこのように信仰に直結しないように、感情も直結はしない。絶対依存の感情という考えが弁証法神学によって批判されるとおりである。いわんやいかなる感情もそれ自体としては信仰を産みはしない。せいぜい受容し易くする程度のことであろう。だが反対の場合も生じよう。つまり意志によって啓示を受容しようとした場合、感情がそれを阻害する場合もあろう。もとよりこの場合霊的意志でなくてはならないが。このように考えてみると、信仰は人に属す種々の精神的活動の終点で始まるといえよう。

(b) 神への態度

　イスラエルの宗教は哲学的システムではなく、そういう定理を持っていなかったとされる[3]。また旧約思想の取り扱いでは神とその民、神と世界、神と人のような旧約自身の弁証法の線に沿って考えるべきで、神学、人間学、救済論などのキリスト教教義学的概念を借用すべきではないとされる[4]。要は旧約は旧約自身において考えよとの示唆である。異質的要素を持ち込んで歪めてはならないのである。ただエゼキエルが体系を挙示するのにある程度成功した最初の人であるという見解もある[5]。教義学的概念は人の考え出したものであり、人による被造物である。そういうものによって神に属すものを捉えようとするのは本末転倒である。いかなる概念も死せるものである。死せるものは単純化しうる。生けるものは複雑でそういうことの対象にはならない。人は自己の力ではいかにしても神へは届かないのである。かくて媒介者が必要となる。だから人間中心主義にはならないのである。神が人間的概念、原理から解放されていることは人もまたそういうものから解放されていることを意味する。なぜなら神という究極の存在が人間的概念から解放されることによって、人間的概念

の人自身にとっての重要性が低下するからである。否、それに留まらず究極的には無意味なものになってしまうからである。媒介者によって神と結びついていることの反面としてこういう事態が可能となる。

さて、旧約によれば世界はそれ自身自律的、法則的な運動の中にあるのではない。世界は種々雑多な要素から成り立っており、しかもそれ自身の内には命は宿ってはいない。命は神にのみ属すからである。ギリシャ的な、原理をテオリアするという考えも生まれはしない。世界はどこまでも一点一画に至るまでヤハウェに従属しているのである。創造以来いわば自動的にそれ自身の法則によって展開して今に至っているのではない。そしてそういう世界の中で生じることは個々の出来事としてそれぞれいわば神の啓示として絶対的重みを持つ。かくてそれらを人間が自己の考えに従って繋ぎ合わせることは原則的には禁止されていると考えてよい。出来事は伝承として伝えられていくが、概念的に統一的に把握はし難いのである。この点ギリシャ思想との相違は明らかである。イスラエルの世界観については大略次のようにいわれている[6]。まず世界は量りえないものの中にあり、そもそも存在というより出来事であった。出来事を原則的なものの意識によって自己化する道はなかった。また出来事は秘密に満ちたヤハウェの行為の領域であった。次に事柄の中には秩序があるという神の保護への信仰はあった。さらに世界秩序は個人に対して可変的でその振る舞いに対応した。以上である。「穴を掘る者は自分がそこに落ち」（箴言26,27）が示すように、人の行いと自然、世界の出来事を結合して考えたのであろう。世界を神が摂理していると考えたのであるから当然のことであろう。このような考えが可能なのは神と人との間に契約が結ばれているという事実があるからである。ここには人が神に応答するという倫理的、道義的関係が主従の関係として生まれる。相互の人格的対応である。神は絶対的存在なので神・人間間の雑多な要素をすべて振るい落とすので、そういう関係はきわめて清純になる。振るい落とされる中には自然神的なものも含まれる。自然的、被造物的な一切の存在から神性は剥奪される。人は人格的存在として自然から分けられ、いわば聖別される。自然の中に自然の一部として埋没していては人格ではありえないのである。この場合は真の意味での神と人との間での人格的応答関係は欠けてい

るのである。

　契約関係が主従的であることは人の有する罪を反映している。理性が啓示を少なくとも全面的には今現在は把握しえないこともそういう事態の一部である。霊へと生まれ変わった暁にはそういうこともまた可能となるのであろう。理性と啓示との不一致と今は見えない深い次元での一致との乖離、軋轢──これこそ人を神へ向けて前進させる契機であろう。啓示は真理を正しく伝えているとしても、理性は罪による斜視のために正視しえないのである。知恵は旧約でも尊重されているが、人がそれに従い切るには自然と一体の理性を超えねばならないのである。理、知性が有限的世界から生み出すいわば信仰箇条は超越的世界を開示している啓示とは直ちには一になれない。有限な領域内での理、知性の働きはきわめて尊いが、ここでは理性も知性も共に脱自しなくてはならない。理性はすべてを、不可思議なるものをも自己の圏域に入れて自己化して解釈しようとする。啓示に基づく信仰は不可思議なるものはあくまでそういうものとして尊重する。啓示と理性とは共に神由来なので究極的には矛盾しないが、その点は今は顕わではありえないのである。キリストの復活にしても一回的な出来事なので、理性に基づく科学の対象にはなりえない。しかし超越的なるものは被造物的、可視的なるものにおいて体験されるほかはない。そうでない限り超越的存在は存しないこととなるからである。事実イスラエルではそうである。自然、人間による歴史などの後者において前者を脱自的に読み取り、理解するのである。そこで神秘主義的に超越的存在へ至ろうとしたり、世界についての思弁を展開することは彼らには疎遠である。なぜならこれらはともに人としての自己の世界に閉じこもることであるからである。啓示、しるしなどを受容することとは矛盾するのである。契約に示されている定めに随順することこそ大切である。具体的に規定された、自己の外から来たもの、神由来のものの受容は自己が他なる神に対して開かれていることを示す。神が人に自己を開示し、人は神に対しそういう仕方で開かれているのである。歴史における啓示から由来するものが人が理念的、教条的に考え出したものより重要である。かくて日常の律法の遂行が大切である。したがってまたそのことについて反省する宗教的考察が大切である。こういう事実は現実的にものを考えるユダヤ人の特徴を

反映している。どちらが先とは簡単にはいえないが、あえていえば宗教的次元のことが先であろう。こういう事態は「一人の人によって罪が世に入り、罪によって死が入り込んだように、死はすべての人に及んだのです。すべての人が罪を犯したからです。」（ローマ5,12）とパウロがいっていることにも通じていると思う。二者択一的に考えるという哲学的辻褄合わせには無関心である。次のことはこのことと平行している。即ち自然が存在していることや心に書かれた律法の存在も不可思議ではあるが、それ以上に不可思議なのはキリストの啓示に対して心の清浄さが反応することである。そしてこれら二つの事象が響き合うことによって心は次第にそのポテンツを高めていっていわば天へと飛翔するのである。

　ところで、旧約での神については大略次のごとくいわれている[7]。まず神はいかなる系譜学にも包含されない。次に信仰の排他性は神話批判的意義をもつ。その結果神話的伝承は形成され直される。また他の神々に対する一つの神の優越と排他性との間にイスラエルの飛躍は存在する。さらにヤハウェは熱情ゆえに排他性を要求し違反を処罰する。イザヤ43,10;44,6;41,4;45,5以下、18、21以下;46,9などが挙げられる。以上である。このように唯一神教はイスラエル独自である。排他性から神話が脱落する。単一神教からは唯一神教へ進むほかないことが分かる。前者では神々と人との関係において神の超越性が明らかではないのである。多神教ほどではないとしても人がイニシアティブを取っているという事態が続いている、あるいは少なくとも消えてはいないのである。神と人との主客逆転という事態と単一から唯一への転換とが対応している。唯一神教の立場からはキリスト教の三一神論をも否定する考えもあるいは生じるでもあろう。しかしそこまでいくとかえって逆に人間主義的になりはしないかという疑義が生じる。復活の否定というような自然理性的な考え方に復帰してしまうからである。脱理性、脱人間、脱自然ではなくなってしまう。さらに神の認識について大略次のようにいわれている[8]。まず神の認識も実践的性格を持つ。かくて神が何を意志するかをいう。どのように存するかをではない。次に目標は敬虔であり、神学ではない。さらに諸連関への判断を意味する、ヘブル語での「洞察」であるビーナー（בינה）は賜物である。以上である。ヘブライ思想とギリシャ思想との違いが分かる。人の

知恵は神から来るのである。神の許には全き知恵があるからである。また"生きている神"とは元来神話的であったのを、イスラエルが自己の神経験に合うように転釈したとされる[9]。こういう点にもイスラエルの実存的信仰の一端を見うる。彼らの考えは現実中心的なので神の指示も具体的現実をめぐってのものになる。神それ自体について抽象的議論はしない。神の本性、属性などの議論に意義を感じえないのであろう。具体的、現実的次元を媒介として神に近づこうとする。否、神が近づいてくるのである。それによっていわば間接的に神を、さらには神の一端であるその本性などを知るのである。概念的、抽象的知り方は知的な面に偏りがちであるが、現実的、具体的知り方は知的に知ると共にからだで知るのでそういう偏りが生じないといえる。これこそ真の知り方である。人格的に価値あるものはこうしてはじめて人の許に到来する。人は歴史の中の具体的出来事において神と向き合っているのである。イデア的意味での背後の世界へも、また東洋的意味での彼岸の世界へも逃避はしない。一般に概念的には多様な神観がありうるであろうが、真に生ける神はそういう人間の活動の対象にはなりえない。生ける神には不確定な要素が多い。かくてそういう存在を何らかの類型化されたどれかへはめ込むことはできない。ある具体的な事柄に対して神がどう対応してくれるかは、いよいよそのときが来るまで分からないのである。ということはその際神が自分らにとって有利な対応をしてくれるか否か分からないのである。にもかかわらず信じているのである。つまりここには自己への囚われを離れたところが感じられるのである。逆に義、善への囚われが存しているのである。自己への囚われと義への囚われとは二律背反なのである。前者は罪の支配による。

(c) 神観

神の本質については、例えばギリシャ思想でのように不動の動者というごとく人が規定しようとはしていない。それは本末転倒であるからである。そういうことをしようなどとは思いつきもしないであろう。人の能力をも、権能をも超えたことであるからである。理、知性をも含む自我によって究極的なものを推論するという試みは最初から放棄されているのである。ここには無示無識という要因が見られる。「万軍の主は正義のゆえに高くされ　聖なる神は恵みの御

業のゆえにあがめられる。」（イザヤ5,16）といわれている。ここでは神の本質がいわれているのではなくて、神の人への働きが指示されている。人は神が人に対して自己を開示する範囲でしか神を知りえない。神それ自体は知りえないままともいえる。パウロ的にいえば終末には顔と顔とを合わせて見るのであろう。そのときにはそういう様態での神を知るのであろう。神が嘆賞されるのは人によってばかりではない。「山と丘はあなたたちを迎え　歓声をあげて喜び歌い　野の木々も、手をたたく。」（イザヤ55,12）といわれる。自然物のような非人格的なものまでが間接的ではあるが嘆賞している。本来ならそういうものは神を称える能力を有しない。にもかかわらずそうであると信じているのである。人の心が神に向かって開かれているという事実がよりはっきりと知られるのである。人同様に自然物すべてが神の被造物なのでそうであるほかないのであろう。具体的、現実的に感じていることがこういう面にも現れている。神がその分身近に感じられているのである。木が手をたたくという擬人化は人が手をたたくということでは表しきれない感動を表現している。人がそうするのは当たり前のことであろうから。

　先に神の恵みということがあったが、「若者を諭すのを控えてはならない。鞭打っても、死ぬことはない。鞭打てば、彼の魂を陰府から救うことになる。」（箴言23,13以下）といわれる。懲らしめは救うことが目的である。どこまでも命を問題にしている。罰することが目的ではない。罰という考えは新約ではそれなりの意味があろう。なぜなら神の一人子が死んで人の罪は救されたというその死から反省して罰という考えも理解しうるからである。旧約の段階では懲らしめによって人を横道から正しい道へ引き戻すのが目標である。さらに神は他の神々への礼拝に対して警告する（申命記13,2以下）。こういう岐路に立たされてもヤハウェに固執するということは、そういう事態がない場合以上により大きくイスラエルの心が主に対して開かれる結果になると思われる。異質なものを媒介しているからである。このように開かれているということは、逆に神の臨在を感じえなくなると人が路頭に迷うことを結果する。どうしようもなくなるのである。特に戦いの前などではそうであったであろう（例えばサムエル記上28,15）。何かことが生じることによって当人の信仰の在り方が顕わになる

のである。人がいかに神を不可欠としているかが分かる。義、善への固執をしないのであれば話は別であるが。神の不可欠と義の不可欠とは一なのである。反対に神と人とは主従の関係なので、根源的意味では神が人を必要としているとは思われないのである。

　そこで神と人とを直接的に余りにも近く解釈するのは疑問である。出エジプトからカナン定住の過程で神は確かに人と共に戦った。しかしここでも神の栄光が第一である。そのためにイスラエルに勝たせるわけである。そういう意味ではここには相補性があるといえる。主従の下での相補性である。それには心身共なる人格全体をもって神に随順することが必要である。この際心構えを重んじるか行為そのものを重んじるかという問題は生じるであろう。随順を徹底しようとすればするほどそうなるであろう。両者を同比重で重視する必要があろう。前者重視では行動力が欠ける。一方、後者重視では内面的に人の心は満たされないであろう。人の行為に対して余りにも神という名をかぶせてはならないであろう。さらに罪という問題があるのでいかに神の霊を注がれても直接的な意味での神への奉仕は容易ではないであろう。

　旧約では神は例えばアブラハムの神、イサクの神、ヤコブの神のように誰かの神として語られる場合が多い。西洋思想でのような抽象的議論はしないことと呼応している。信じる者あっての神なのである。後者なくば前者なしはいうまでもないが、前者なくば後者もまたないのである。人が生きるということと直結しているのである。イスラエルは神の尖兵として世へ送り出されている。神の具現者であり、神の所有物である。だから世界でのイスラエルの失墜は神の権威の失墜をも意味するのである。ただ神はイスラエルにとって「わが主」である。そこで主の方がイスラエルを規定する。逆は許されない。当然である。神が人に対して自己を開示する限りで人は神について語りうるのである。こういう仕方で人は神に対して開かれている。また神は生きている（列王記上17,1など）という事態も人の開放性と関連している。いつも人は神の前に引き出されているのである。神に出会うことは自己自身をも含めて、神の支配の及ばないものとして何かを持つということはありえないことを結果する。一方、究極的原理としての神は人が考えたものに過ぎない。その存在は人に依存している

のである。最初から生きているものとして出会うことはそういうことではないのである。もしそういう人に属すあらゆるものを超えた人格的神を人が言葉で表現しようとすれば、比喩的に言い表すほかないであろう。例えば「熱情の神」(申命記5,9) といわれている。それ自体として可視的存在ではないが、人格的なのであたかも人であるかのように。人はその開放性によって神の臨在を実感するのである。実感が直ちに信仰ではないが、いわばその副産物のようなものであろう。目の前の自然の世界にも神の臨在を感じているのである。そのように実感していれば宇宙の広大さのもつ無意味さをも克服しうるであろう。臨在によってある意味で不可思議さが消えることになるからである。と同時に別の不可思議さが生まれるのであるが。

　信仰に忠実な人は自己に属すすべてのものは本来神に属すと考える。いわば一時的に神から借りているのである。神の霊の内に、霊と共に霊として生きることに生きがいと感謝を感じているのである。霊にあっては一瞬、一瞬が奇跡のようでもある。個々の事柄について奇跡というのではなく、全体として奇跡なのである。全体がそうなのでその中の個々の事柄もそうなのである。即ち個々の事柄がそのままいわば啓示なのである。その背後に神を感じるのである。日常的なものの中に神の導きを実感するとはこういうことであるほかない。特定のことをのみ奇跡と感じるのは、神よりも人の側の事情が優先されていることを露呈する。例えば自然科学的法則と相容れない事柄をという具合に。そういう人間優先が脱落すると、人の立場からの取捨選択がなくなるので全ては奇跡となろう。ここでは例えば驚きといっても特別のことに驚くのではない。驚く側の人間の主体が変わっているからである。むしろ逆に何も驚くことのない場合に静かな驚きと感動とを覚えるのである。こういう意味での驚きの感覚は常時存しているといえる。こういうものの感じ方の背後にはやはり人格的な神への信仰があるであろう。根本にこういう神を信じるのでギリシャ的な、世界が一定の法則で動くという考えは生じえない。たとえ世界がそのように見えてもそうは考えないのである。こういう信じ方は愛であり、我々へ恵みをもたらす神への感謝と一体である。それに対して事柄にもよるが怒ること、絶望することなどは霊とは逆に肉である。これらは自己への囚われゆえに生じることで

ある。義なる神、神の義を心底から信じうれば原則的にいって絶望は生じえないであろう。そういう神がすべてを取り仕切っておられるからである。こういう信仰にあってはあらゆる存在物は神の創造によるのであるから、それ自体として尊い。他のものと比較してそうだというのではない。それはまだ肉の目でものを見ていることを現す。霊の目で見なくてはならない。そういう目で見るとあらゆるものは聖別されて見えるのである。現世での姿形という在り方を超えたその永遠の相を顕わにするのである。永遠・時間一体でのあらゆるものの存立を神は望んでおられるのである。「生死即涅槃」で表される体験にも一脈相通じているであろう。ただ現実には霊とは逆の肉の方へ向いている人々もいることも事実であろう。この点は旧約を少し読めば一目瞭然であろう。

(d) 律法の意義

律法への対応について。アレキサンダー大王は世界中にギリシャ文化を広げようとしたが律法によって教育されて使命感を持つユダヤ人は影響を受けなかったとされる[10]。彼らはヤハウェへの信仰と使命とに忠実であったのである。ここにはヤハウェへの固執が見られる。よい意味で囚われているのである。さもないと世俗の文化、文明の方に流されてしまうであろう。そうならぬには心がいつもそこへ留めつけられている永遠の港が不可欠である。こうしてはじめて時間対永遠、日常対超常、有限対無限という対立の狭間に生きても前者の方へ堕ちはしないのである。現実的次元と永遠的次元との双方へ目が向いていることが不可欠である。どちらか一方のみへの注視は先のような結果を生まないであろう。仏教のようでもなく、西洋的、形而上学的でもないのである。時間の中に生きつつ永遠を体感するのである。このことに応じて人自身についていえば行為と内面性とは一である。どちらが欠けてもいけない。まさに霊と心とからだとは一体なのである。単に心構えの倫理というわけにはいかない。心構えとそれを外に表す行為との双方が必要である。意図よりもむしろ行為を重視する考えもあろう。意図さえ純粋なら行為は不十分でもよいとばかりもいかないからである。反対に行いがよい結果をもたらせば意図の良し悪しは必ずしも問題にはしない考えもあろう。確かに善行の実践は人の心を清めるという効果

をもたらすのは事実であろう。だからといって行ないが人を究極的に救いはしない。行いにはそこまでの働きはない。ただ不十分であっても律法の実践に悦びを感じて完全には実践できぬことからの種々の心配を克服しうれば、律法によっては罪の意識が生まれるだけ（ローマ7,7以下）ということにはならないかもしれない。これにはしかし人の人間性が深く関わるであろう。パウロは内面的に矛盾を感じたのであろう。

　そのようにたとえ律法に従って善行をしたにしても意図や動機は純粋かという反省は生じるであろう。かくてキリストの復活が不可欠となる。罪のない人の死という出来事が啓示されて、そういう反省から来る疑問を超えられるのである。よくいわれることだが、律法は本来律法ではなく指針、教示などを意味している。それが律法と訳されたためにいわば法律的になり、律法による救いか信仰による救いかという二者択一が生まれたとされる。こういうパウロ的二元論は旧約的ではないともいえる。律法への態度において重要なことは神と人とは主従関係なので、人が神の掟を重んじているかどうかである。あくまで主である神の側に立って人の行いも見られることになっている。そういう意味では人の従順は二次的要素でしかない。神の側でのことが圧倒的に大切なのである。人としては自我崩壊において神の言葉を聞くことが大切である。この点禅とは異なる。ここでは人の側でのことがすべてである。神のごとき存在は欠けているからである。結局、主たる神への奉仕はいかなることかという問題である。「冷たい水一杯でも飲ませてくれる人は、必ずその報いを受ける。」（マタイ10,42）という言葉はそれを表す。この場合「わたしの弟子だという理由で」とある。だが意図が純粋か否かは問題とはなってはいない。だからこそ反対に傲慢の罪に陥らぬような注意も不可欠となる。そのためには究極的には「主御自身がその嗣業である。」（申命記10,9）というほどの使命感が必要であろう。これがあればユダヤ人がアレキサンダーになびかなかったように常にヤハウェの方を見ておられるのである。単に個々の行為が問題なのではない。心が他所を向いていても時に個々の行為は果たしうるであろう。それではまことに不十分である。単に他から要請されてというのではいけない。これでは心は二つに割れている。一の心になってはじめていわば自動的に自己発展していくのである。

その内には死をも超えさせるような契機が含まれているであろう。以上のような問題点があるのでキリストの復活による贖いが必要となる。罪なき者は死なないことを示す出来事が啓示され、この点の克服の道が示唆されている。

　ところで、神と人との関係では一種の二重性が見られる。つまり神から人へと人から神へとである。こういう点について大略次のようにいわれている[11]。まず לך־לך 、 וילך という同じ語根の二つの語が、アブラムへの神の命令でも彼が命令に従い出ていくときでも使用されている（創世記12,1〜9）ことは神と彼との一致を表す。これによって神の指示とその遂行との間での緊密な対応が表されている。イスラエルのために救いの働きを持つアブラハムの利得が前面に出ると同時に、民の行為が強調される（26,3b〜5）。次にアブラハムの従順から族長たちの律法への従順が成立した。ただ彼の従順は賞賛されている（22,15〜18）が、民が依拠すべきなのはあくまで族長達への約束への神の忠実である（申命記9,5以下）。以上である。要は人が神の戒めを守り、神は人に約束を果たすということである。創世記18,19でも同様の趣旨のことがいわれている。しかしあくまで基本的なのは引用の最後でも分かるように神の約束の不動性である。ギリシャ哲学とは全く別の意味で神は不動の動者である。人のなした功績に対して報いるのではない。アブラハムがイサクを縛って犠牲としてささげる決意をしたことが、人としてはいかに重大なことであるとしてもである。神は自ら人への愛を示しているのである。文献学的分野に入っていくとはっきりしない点も多いのであろうが、旧約の基本的考えとしてはそうなのであろう。神と人との主従関係という理解からもそうであろう。

　また律法が本来教示、生活の指針を意味していることからも分かるように、違反に対する処罰を目的にはしていない。愚かさがその対象である。「思慮深い人は自分の知恵によって道を見分ける。愚か者の無知は欺く。」（箴言14,8）といわれる。知恵と道、無知と欺きとが各々対応している。知恵とはもとより律法より由来する。かくて知恵による、人の生きるべき道を選ぶようにとの勧めである。次に律法が民の安寧を願っていることは身体の障害、財産の損傷の規定があることでも分かる（出エジプト21,18〜36）。他人に損害をもたらした人はそれを償うよう指示されている。ただいかに律法がそういう性格のものだと

はいっても、現実にそれに背くと神から裁きを受けるのも事実である（列王記上9,4～7）。だから裁き、懲らしめもまた民の安寧を目的としているのである。正しい道へ引き戻すのが目的である。ただ民は懲らしめはこたえるのでそれを罰として感じるということであろう。ここには人の側での罪というものの介在を感じざるをえないのである。罪ゆえに神の側での思いと人の側での思いとがすれ違いになるのである。双方の思いの一致は遠いのである。もっともそうであればあるほど神は民を気にかけて下さるのも事実である。神の愛の深さである。堕ちれば堕ちるほど神は民を救おうとするのである。さらにこれは律法の規定ではないが、神をその嗣業とすることの難しさを示している事実が見られる。レビ人は兄弟、友、隣人を殺してモーセから祝福されている（出エジプト32,25～29）。レビ人は土地を分け与えられていない上に血縁者まで手にかけている。神のことを直接取り扱う者には一般の人以上に厳しい定めが課せられているのである。人の自然な感情とは逆のことが要求されている。次のことも神への信仰の困難さの一端を示している。カレブは例外的に主が先祖に与えると誓った土地に入るのを許されている（申命記1,36）。「従いとおした」とは出エジプトの過程での話なので偶像崇拝しないなどのことを意味するとも考えられる。「とおす」ということが難しい。主のことを一途に思って他のことを入れずに言動してきたということであろう。カレブは主の指示に従い自分たちが偵察してきたアマレク人などの住む土地への進攻を主張する（民数記14,6～9）。それに対して他の人々は反対した。神への畏れと人への恐れとは二律背反なのである。エジプトへ帰ることを望む他の偵察者や民衆はまさに新約でいえば「鋤に手をかけてから後ろを顧みる者は、神の国にふさわしくない」（ルカ9,62）といわれているとおりのことをしているのである。

(e) 律法と民

こういう事情をまず詩編において見てみよう。律法が元来生活の指針であることに呼応して艱難辛苦も基本的にはそういう意味を持っている。飴と鞭のごとしであろう。かくて後者も覆われた主の恵みを意味する。愛の鞭である。こういうことは人には許されないが、神は別格である。ただ真に神への信頼がな

いとそういう深い次元まで目と心とが届かないのが悲しい現実である。こういう事情を自己のこととして脱自的に理解することが不可欠である。「心の清い人々は、幸いである」（マタイ5,8）といわれるように、心にそういう種を蒔かれている人は神へ向かうようにいわば定められている。その場合神は艱難辛苦を通して導く。清さが真の清さになるために艱難辛苦によって神はそれを達成してくださるのである。生来の清さは清さそのものではなく、清さへの胚芽のようなものであろう。清さは艱難辛苦を媒介して真の清さへと成長していくのである。例えば都が包囲され恐怖に襲われていたとき、神は慈しみの業を示したという告白（詩編31,22以下）もこういう事情を示唆している。詩編107,19以下も同様な事情を示している。純一な信仰の大切さは次の点にも現れている。つまり例えば詩編146編などに見られる主への賛美と信頼は一見素朴な主への信頼とも見える。しかしそう見えるのは見る人がそう見ていることを示している。たとえ字面に現われずとも隠された真実を読み取る必要があろう。自我の突破があってはじめて隠された次元へ目が届く。さもないと自我が障害となって素朴な信仰は日本流の「ご利益」宗教に堕する。世俗的事柄から心が離れて天にあることが不可欠である。「見えないものに目を注ぎます。」（第二コリント4,18）という信仰が不可欠である。パウロがこういう発言をしていることは、律法本来の真髄に対しては間違った判断、態度を取ってはいないことをも示しているといえる。ただ自己の経験からローマ3,19以下のようにいってはいるが。また詩編119編は律法、掟を称えている。例えば「あなたの律法を愛します。」（113節）という。ほかにも47,131節で掟を称える。要は律法が地上において神の具現体であるということである。だから律法由来の知恵は生きており人格的に見られるのである。人は主を直接には知りえない。そこでその言葉、教えは人が主に関して知りうる最大、最高、最親、最近のものである。主そのものといってもよいほどのものである。人間の生活が多岐にわたるのに応じて律法もそうである。そして人は自分の側からは条件はつけずに虚心にその教えに心を向けるのである。虚心でないとある面については受容するが、ほかの面については拒否する結果になる。「心を尽くして」（2節）とある。これは心を全面的に律法の方に向け切ることを意味する。こういう顕著な例を敵対する者との関

わり（出エジプト 23,4 以下）は示す。敵対者の牛、ろばを助けるべしとの定めである。

　このように律法は大切なのだが、主として預言書においてそれが守られないことへの嘆きを見てみよう。まず山鳩もつばめも渡るときを守るが民は主の定めを知ろうとしないという（エレミヤ 8,7）。鳥のように理、知性を有していない動物さえ自然の法則にしたがって自己にとってふさわしい行動をしている。それに対して民は当然知るべき定めを知ろうとしないのである。罪のなせる業である。人が自然の中で鳥のように大自然と一になっているという禅的考えとは異質たることが分かる。人は自然以下になっているのである。人にとり自然とは神の定めを知ることである。かくて人は神に従って神に近くある、つまり自然を超えているか、あるいは反対に定めを知らず自然以下になっているかのどちらかである。丁度自然と同等には留まりえない存在なのである。人の自然以下への転落は次の例にも見られる。牛と羊の初子を主にささげよといわれている（出エジプト 22,29）。また人についても男の子の場合初子は贖わねばならないとされている（13,13）。このように人についてはささげなくてよいように定められている。しかるに後に人身供養が行われるのは人も含めて初子をささげるのがよいと考えたからであろう。しかしこれは人が勝手に考えたことであり、主による定めではない。人が勝手に決めてはならないのである。動物の初子をささげるのがよいのだから、人の初子のささげはなおよいと考えるのは人の勝手な着想である。主はそういうことを望んではおられない。推測するに他民族との戦争に際しヤハウェの力頼みになってこういう事態が発生したのであろう。その点同情の余地はあるが、神はそういうことを忌むべきこととされている。人の心が敵への恐れ、捕囚への不安、恐怖などによって占められていると、こういう神の意に反した行いへと人は向かうのである。その挙句が「良くない掟と、それによって生きることができない裁きを彼らに与えた。」（エゼキエル 20,25）ということになるのである。こういう事態は神への信頼の欠如の結果である。神の意に反してまで神の助力を得ようとする結果、ますます神の御心から遠ざかっていくという逆説がここには支配している。例えば「体は殺しても、魂を殺すことのできない者どもを恐れるな。」（マタイ 10,28）というよう

な戒めの内容に留まりえない結果であろう。

　こういう事態と丁度反対の例をアモス5,14以下は示す。これについて神への献身は善に対する服従の真の源泉だからであると説かれている[12]。「善を求めよ、悪を求めるな……そうすれば……」（14節）とあるように、善悪のことを先にいい、神云々は後にある。15節でも同様である。こういう点を考えると神への献身が善への服従の源泉なのではなく、むしろ逆ではないかと思われる。後者が前者の源泉なのである。神への献身が源泉の場合とは、人の都合によって神を信じるというアモスが問題としている祭儀宗教的要因をはらんでいるのではないかと思う。なぜなら善悪優先は目の前の事柄においてそう実行することであり、これは人にとってまずは負担、重荷を負うことを意味する。一方、神への献身優先だとこれは概念的理解の優先を意味する。かくて負担、重荷を負う前にまずそうし易いように神理解を先に行うことを意味する。その分重荷は重くなくなる。軽くしておいてその後負うという姿勢に通じる。これは「鋤に手をかけてから後ろを顧みる者は、神の国にふさわしくない」（ルカ9,62）という姿勢にも通じるであろう。そういう意味では神への信仰というよりも善への信仰という方が適切ともいえよう。重荷を負うことの優先はただ単に自己の善悪に関する倫理的判断の優先ではないのである。単に後者だけであればそれは自己愛の一形態に過ぎないともいいうるであろう。重荷を負うことを必然的に伴った善の優先が大切であるといえる。そうしてはじめてそれが神への献身でもあるといえよう。「自分の十字架を担ってわたしに従わない者は、わたしにふさわしくない。」（マタイ10,38）という言葉が成就しているのである。人がこのようになるために服従よりも理解と同意が求められている（イザヤ42,18;49,1、箴言8,32〜35など）と解釈される[13]。そういう求めに応じればそこに真の知恵が生まれる。そしてこの知恵は主を畏敬する。こうして知恵は人格的性格を持つこととなる。この知恵は神の創造の最初に創られた（箴言8,22以下）。また知恵を見出す者は命を見出すのである（35節）。知命一如である。知恵はそれほどまでに神に近いのである。知恵ということと服従ということとは二者択一ではないであろう。無知、即ち神認識の欠如は必然的に不従順を結果せざるをえないであろう。例えば「貧しい者を靴一足の値で売ったからだ。……父も子も同じ女のもとに通い……」（アモス2,6以下）という言葉

は無知とともに神認識の欠如を露呈している。知恵は普遍的性格のものであるから、このことは普遍的正義にイスラエルが背いていることを意味する。ただ単に定められた律法的規定に反しているだけではないのである。心に書かれた律法にも一脈通じている内容であろう。霊媒なども禁止されている（レビ記20,6）が、そういう普遍的正義という観点からも見うるであろう。

　知恵によって神に随順しうる可能性は「御言葉はあなたのごく近くにあり、あなたの口と心にあるのだから、それを行うことができる。」（申命記30,14）という言葉によっても分かる。これはモーセが民に向かっていった言葉である。人間の現実へのこういう理解がある限り、そういう考えの内に留まりえている限り贖い主を信じるところへは赴きにくいであろう。しかし個人としても民全体としてもヤハウェの命令に反することは不可避的であったので、主はイスラエル人の心を神殿、聖所での祭祀などと結びつけようとした（レビ記5,1以下、民数記15,22以下）ことが指摘されている[14]。レビ記、民数記によれば人が汚れることは不可避的に生じるのである。例えば「気づかずに」（レビ記5,2）とある。また「あなたたちも聖なる者となりなさい。」（11,45）とある。これらをクリアするのは容易ではない。不成功と思わざるをえなかったであろう。罪は確かに気づかずして犯すものかもしれない。事前に分かっていればかなりの部分避けえたであろう。不可避だからこそ人の心を神殿などと結合し、その規定に従うように仕向けたのであろう。ヤハウェは汚れを清める規定も定めていた。例えば贖罪の捧げ物（レビ記4章）。少し飛躍するがパウロが律法遵守に熱心だったことも理解しうるのである。

(f) 伝承の形成

　伝承の形成について。時の中の出来事として神の救いや啓示は語られる。救いの体験をした世代がそれを次の世代に伝える。ここに伝承が生まれる。こういう過程で歴史的出来事の中にいわゆる神話的要素が不可避的に入ってくる。神話と科学の未分化の時代であればなおのことである。現実の歴史が神話化され、反対に神話が歴史化される。例えば現実の出来事が奇跡というような神話的衣を着せられるのである。反対にそういう見方が一度立てられると今度はそういう見地に立って現実が見られることともなるのである。もっともユダヤ人

の現実的感覚は常に現実的世界に向けられているのであるが。このように考えてくると、解釈された元の出来事の重要性が逆に浮かび上がってくる。また預言などは元来民に向かって語られたものであろう。語られるだけであればその場限りのこととして消えてしまう。だが書かれると、それは民への神の意志表示として生きてくる。そういう方向へ向かって民の心が開かれていくべき方向が示されるのである。その時、場所において聞いている人々だけであれば、少数の人々しか神の言葉を聞かないこととなってしまう。聞かない多くの人々は疎遠のままとなってしまう。しかるに「聞け、イスラエルよ。」ということなので、聞くことは殊のほか大切である。文書化されることによって時空を超えて多角的な伝達、使用が可能となる。神に属す永遠的なるものが時間化されているのである。時間の背後には言葉でいえば永遠が控えているのである。神は世界を生み時間を創生した。時を離れている究極者に時は依拠し、生かされる。

　さて、伝承の形成ではより後の編者が先の編者の伝承を使用するという事態が生じる。例えば歴代誌記者はアブラハムがイサクをささげるという話は述べていないが族長伝承を示唆するためにモリヤという地名（創世記22,2）を繰り返している（歴代誌下3,1）とされる[15]。先在の伝承を後の時代において使用することで時の隔たりを超えて一連のものとしてつながっているのである。伝承は具体的事実についてのものである。個々の出来事は点的出来事である。それらをつないでいくものはそれらの出来事ではない。神への信仰という目には見えないものである。しかしそれらの事実がないと、信仰の伝達もできないであろう。ともに不可欠のものである。単なる観念的構成にならぬためにはぜひそういう事実が必要である。

　伝承の伝わり方にも種々の局面がある。例えば土地の所有について次の点が指摘されている[16]。土地所有は全世代にとって戒めの遵守により達成すべき目標である（歴代誌上28,8）。一方では先祖達に与えたとある（列王記上8,34）が、他方では先祖と今現在そこに住んでいる人々にとなっている（歴代誌下6,25）。以上である。こういう多面性がある。現在生きている人々へのアッピールという点では歴代誌の方が適切であろう。歴代誌の書き方はいわば神の立場に立っての書き方になっているともいえる。現代流にいえば救済史の神学のごとくで

ある。捕囚後から見た場合は、出エジプトのことを省いているので救済史的見方ではないごとくに見えるが〔第一章第一節（e）参照〕。列王記のごとき書き方の場合、歴史の事実に即してはいるが過去の方へ人の注意が向く結果になるであろう。

　伝承の内容である神への信仰は啓示受容がその出発点である。この点東洋的宗教と大いに異なる。信仰と宗教とは神と人との相違である。本来歴史的に解されていない現象を歴史的思考へ組み入れ、新しい神―人間理解を顕わにすることは古代オリエントでは普通ではないとされる[17]。神の啓示が歴史の中へ現されるという神理解の誕生であろう。啓示を受容してはじめて人間が「創造の頂点」といいうることとなる。人のみがそういうことをなしうるからである。そうしてはじめて全宇宙が神の被造物となる。そういう意味、重みを持ってくる。これなくば宇宙は軽い。二重の意味で。無意味ということでと禅的悟りでの無ということとで。

　まず神ご自身はどのように伝えられるのか。イスラエルはしばしば神からしるしを求める。これは啓示の一種と考えられる。例えば「あなたたちはしるしを求めるのか。」（イザヤ45,11）といわれる。神が本来人の目には見えない存在であるからであろう。神の代わりにせめてしるしを見たいのである。創造された自然の中の出来事や再建される都がしるしということであろう（12節以下）。ここでは広い意味でしるしということが受け取られていると思う。人は往々自己中心的に感じるので、愛の神の面を顕わになった神と、また人がその罪のゆえに罰を受ける時など義なる神の面を隠れた神と感じ易いのである。神自身としては顕わであると同時に隠れた神であるほかないのである。愛という面については、「イスラエルよ　お前を引き渡すことができようか。」（ホセア11,8）といわれている。神はたとえ民が誤った行いをしても結局は見捨てないのである。これは決して義より愛が大きいという一般的意味ではないであろう。滅ぼされた場合もいくらもあるのであるから。個々の場合に対して個々別々に対応するということである。かくて人が事前にこうすればこうなるという具合に神の対応を予測して行為することはできないことを意味する。そうしてこそ神は生きているといえよう。予測可能なら神は人間の概念の網に掛かってしまうこと

なる。人の対応には影響されないのである。神の行為の予測不能は次の点にも現されている。例えば神は場所という点では山から人に語りかける（出エジプト 19,3）。また情況という点では大水の音、大空からの音、とどろく音のような大きな音とともに顕現する（エゼキエル 1,24 以下;3,12 以下）。このように人には予測できない自然現象が随伴するのである。

　ところで、自己が伝承を前の世代から受け次の世代へと渡していくことはあくまで神への自己の信仰の立場からである。それには自己が受けた伝承に対して自由であるというか、必要以上に制約されないという条件が満たされることが不可欠であろう。こういう点について大略次のようにいわれている[18]。まず族長伝承と出エジプト伝承とが北王国に生き続けている間に、ダビデ伝承とシオン伝承はエルサレムとユダで育成されたと仮定される。次にエジプト脱出、荒野放浪、士師時代の叙述は何らかの仕方で奇跡物語であった。さらにそれが後に非神話化されて時代遅れとなった思想から脱却した。以上である。要は伝承は史実に沿って形成されたのではないということである。奇跡的な理解から全日常的領域への働きへと、ヤハウェの歴史行為への理解の仕方が変化するのに伴って、その描写の仕方も変化したのである。族長物語でも編集者が大切である。族長の歴史は創世記と申命記とでは表現に差があり、伝承の伝達という複雑な過程を予想させるのである。内容的にはヤハウェが働きイスラエルが語っているのである。個々バラバラの出来事を伝えようとしているのではないのである。カナン定住を見てもエジプトを出てカナンの地へ入るまでが、一つの全体的な出来事であろう。

　また創造と初期の歴史の説明に、伝承として異なる由来のものが付加されたことで、告白様式が複雑化したとされる[19]。さらに割礼（創世記34,14以下）に関して、割礼を受けていないシケムの住人への言及は、カナン人の時期あるいはイスラエル王国の時期への言及ではありえず、より後の時期への言及であろうとされる[20]。つまり事実そのものの記述であるというよりも、編集者の意向が入っているのである。見方を変えると信仰的に自然的事柄がその堅牢さを失うだけではなくて、歴史的出来事も堅牢さを失っているのである。神への信仰の前では事実自体が尊いのではなくて、信仰上の事実が大切なのである。と

いうことは地からはいわば浮いたところに信仰的世界は存しているのである。さらに歴代誌記者はユダのみをダビデ、ソロモン王国の合法的相続人と見たのでユダのみ記述したとされる[21]。こういう場合を霊的自由の一例と考えることもできよう。信仰は霊と一である。そこで「主の霊のおられるところに自由があります。」（第二コリント3,17）といわれるように、信仰は自由に飛翔する。自由に流動する。かくて地上的存在の中に固定的に留めつけることはできないのである。出エジプトの出来事さえ旧約神学の中心たりえていないことが大略次のように示唆されている[22]。旧約の啓示は多くの、異質の啓示行為として語られうる。申命記的歴史著作はソロモンの神殿建築の年をイスラエル史の中心と見ていたようである（列王記上6,1）。エレミヤ、第二イザヤは出エジプトを導いたヤハウェへの信仰が失われる時代の到来を見ている（エレミヤ23,7、イザヤ43,16〜20）。以上である。ここにも情況に応じての霊の自由な飛翔を見うる。

　このように見てくると、旧約は決して最初から順番に書かれたのではないことが分かる。信仰とは常に現在のものであるから現在の立場、情況、置かれている民族の境遇などとの関連で書かれている。かくて現在から過去を振り返るという形で書かれることとなる。現在から見て現在への過程として過去を見るのである。要は現在がすべてなのである。かくて伝承もこういう観点から扱われることとなる。個々の伝承がいつ、どこで生まれたかという由来よりも、それが現在の信仰にとってどういう意義を持つかという点が大切である。こういう事情があるので、書かれているものから完全な形で元のものを復元するのは不可能であろう。この点は旧約、新約ともに同じであろう。たとえそうだとしても書かれたものが啓示として信じられているという事実は動かせない。この点が重要である。自己の外に絶対的なるものを許容しているのである。それだけ開かれているのである。編集ということは神への信仰を前提としてなされているのである。ここに人の思惑とか、要は人間的次元のものを離れた要素が現れてきているのである。かくて元の事実自体がどういうものかということより、編集という働きが大切といえる。極端にいえば元の事実は何であってもよいともいえる。編集において啓示が現れているといえる。このことは例えばキリストの復活をどう考えるかという点にも通じていることといえる。事実だけでは

啓示にはならない。それが啓示として受け取られるという人の側での働きが不可欠である。そういう働きとして編集ということも存しているといえる。ただこういう事情の背後には具体的出来事が存している。イスラエルはたびたびヤハウェの意志に背く。そのたびに苦難に陥る。そこから神へと叫ぶ。赦しと救いを求めて。神はそれに応える。こういう事態の繰り返しである。

　このような伝承形成の背後には、イスラエルの信仰が基本的にいって唯一神教だという事実がある。そこで多神教を前提とした種々の神話的要素が脱落する。その結果歴史は、全宇宙をも含めてではあるが、神の摂理下にあることとなる。神と全宇宙とが直結するのである。かくて歴史は全宇宙的となる。現代ではこうなるほかはない。宇宙的規模で考えなくてはならないからである。かつては神の行ないが歴史的となっても宇宙像は中世を通じて神話的であった。現代ではこれも脱神話化した。神話的だった間は神の行ないが歴史的ということでよかった。だがもう一段の脱神話化によって、神の行ないが歴史的ということは、もう一度逆転して世界と人間とが関わる歴史的世界への神の半ば自由な関係に変わったのである。それに伴って終末後の世界についてのイメージなどは持ちえなくなったのである。これはしかしパウロにおいても事実なので現代において始まったことではない。初めにおいて既にそうなのである。

　このような現時点に立っての信仰の大切さと呼応したこととしてイスラエルの時理解がある。この点につき大略次のようにいわれている[23]。彼らは「充たされた時間」のみ知っていた。こういう点での最重要概念エーツ（עת）は「時点」、「時期」という意味での「時間」を表す。産みの時があり（ミカ5,2）、家畜を集める時があり（創世記29,7）など。以上である。イスラエルでは時という語としてはエーツが大切である。内容の満ちた時の連続として生活は考えられたのである。人は時空的に制約されて生きている。時空のどちらかには制約されない生き方があるとも思われない。少なくとも時間的には制約されている。ということは必然的に空間的、場所的にもそうであるほかないこととなろう。そこで人が真に自由に生きるにはその時空から解放されることが不可欠である。ここに信仰が誕生する。

第2節　歴史に関わる神などの周辺的事項

(a) 歴史に関わる神

　イスラエルはいわゆる背後の世界へ逃避しようとはしない。現実的出来事の世界の中でヤハウェ信仰を生きる。現代に比べると科学は未発達ともいえる。そこで人が生きるには厳しい自然環境とも相俟って自己の生存が常に不安にさらされていると感じたことであろう。また同時に世界の中に確固としたものを求めがたい情況に置かれていたといえる。科学が発達すると、台風一つ処理はできないが少なくともその発生の理由は解明される。するとその分不安は解消される。古代イスラエルでは丁度その反対が支配していたといえよう。古代ギリシャでのように世界を科学的に理解しようという考えは生まれなかったのであろう。現実的、可視的なものに目を注ぐ。抽象的なものは後回しである。究極的、永遠的原理を考え出し、そこから世界の現象を見ていくというのではない。そういう感覚は神信仰と結合し易いであろう。世界の中のすべての出来事には定められた時があるといわれている（コヘレト3,1）。それゆえに「人が苦労してみたところで何になろう。」（9節）ということとなる。1節から8節においていわれている事柄は自然、人間の両世界を含んでいる。自然のような元来人間の力を超えた領域ばかりでなく、人間自身の世界さえ人間にとってどうにもならないとの告白である。後者の世界さえ人を超えた何かが支配しているという感覚の現れであろう。自己自身を自己でどうしようもないのである。虚無観が吐露されている。

　イザヤもまた人の世の虚しさを嘆いている（イザヤ40,15～17）。自然や神について人には測り難いことを告白した（イザヤ40,12～14）後で、国々の虚しさ（15、17節）、や自然の物は神への捧げ物としては不足であること（16節）を述べるとともに人の世の虚しさを説く。ただ古代人の場合、人の存在が物理的に小さいと現代人が感じているのとは異なるであろう。現代人は百億光年先の天体のことまで知っているのであるから。古代人の場合はそういう仕方においてではなかったであろう。宗教的、信仰的要因が優先しているであろう。一方

現代人では自然科学的要因がまず頭に浮かぶであろう。古代人はその宗教的世界へ直ちに参与しうるであろう。一方、現代人には現代独特の情況があるので、まずそれを宗教的次元へ転換させる必要があるであろう。直ちには宗教的世界へ入れないのである。これは実存と救済史との一体という問題とも関連している。というよりもよりスケールの大きいそういう次元の問題である。神を媒介することにより救済史と宇宙史とは一になるのである。神は全宇宙の創造者であるからである。まず神という絶対者に帰依する。その結果その神に属しているすべてを神を通して人はいわば入手するのである。実存的な事柄が根幹に存しているのである。実存的に無に帰し、そこから創造されることによって全宇宙と一体化するのである。実存的にそうなる前は人の自我性が障害となってそのような一体へと進みえないのである。これはしかし大我へ帰一するというのとは異なる。どこまでも個として新たに創造されるという側面が不可欠だからである。もっとも神への信仰にも例えば「大活現成」で表されるごとき契機が存しているのではあるが。今現在自己がこうしてこの時所位において存していることは百億光年先の天体が今あるように存していること、あるいは存していないことと一対一で対応しているのである。決して他のようではありえないのである。かくてこの実存の一点は神が「光あれ」といわれたその言葉の発せられた一点にも比せられるのである。

　ここで虚無観からどのようにして人は脱却しうるのかを別の観点から考えてみよう。それを可能とさせる知恵はどこにあるのか。深い淵、海はそれは自分のところにはないという（ヨブ28,14）。滅びの国や死は耳にしたことはあるという（28,22）。陰府のようなところでさえ聞いたことしかないのである。人などにその在り処が分かる筈もないのである。淵や海のような地上の世界は自己の中にないという。一方、陰府の方は聞いたという。つまり地上界よりも陰府の方がその知恵には近いのである。かくて前者から後者へ、さらにそこからそこを超えていけばその知恵に出会えることを予感させる。それには陰府の向こうなので当然死を超えねばならぬこととなる。死の彼方、つまり神の許にその知恵は見出されるのである。パウロの場合のようにこの世との相互的死が必要となる。このことによって死を超えるのである。これがいわば知恵へのパスポ

ートである。こういう情況を現代へと引き当てて考えると、技術的可能性の限界をも示唆しているといえる。いかに発達しても死を避けることはできないのである。死の此岸ではそもそも世界の意味は人には隠されているのである。世界をも意味するオーラーム（עולם）というヘブル語は隠蔽するという含蓄があるとされている[24]。

　こういういわば五里霧中の只中で生きるイスラエルを神は導く。かくて神は彼らにとって救いの岩である。これ以上固くて揺るがないものはないのである。そしてその導きを代々伝えていく。ただその際扱いは各々の時期の民の置かれた情況によって異なる。例えば申命記の記者にとっては自由で裕福なイスラエル人が彼らの世界をよいものへと形成することが問題だったのに対し、先にできた祭司文書の記者は全イスラエル人が、また外国人も含めて、ヤハウェが土地と民に与えた秩序を尊重することをはるかに心配していた[25]。そこで後者では民の安寧よりもむしろ規定を守ることが大切であったというような局面の相違は生じるのである。

　このような神の導きにとって大切なことは善悪という問題である。命と幸い、死と災いとが各々並べられ、戒め、掟、法を守れば命を得るといわれている（申命記30,15以下）。これによれば律法遵守という善と命という幸いとが一である。神は義であり愛である。そこで正しく生きれば神の愛を受けて生きることとなるのである。反対なら反対の結果を受けることはいうまでもない。かくて善悪が大海を渡っていくに当たっての羅針盤のようなものである。そしてそのような指針をイスラエルに示す神の栄光は全地に満ちている、覆う（民数記14,21、詩編72,19、イザヤ6,3）。ヤハウェはハーヤーするのであるから当然そうなる。神自身がどういうものであるかというような思弁的なことにはイスラエルは興味を示さないのである。その分人の自我が捨てられていることを現している。どこまでもこの現実の世界に目と心とを向ける。そういう意味では神自体に対しては無関心ともいえる。この世界へと働く限りでの神に関心を持つ。それもその筈である。神自身については人は知りようがないのであるから。目に見える世界へ働く限りでの神以外知りえない。このことは人が頭で構想する神は神ではないことと一のことである。こういう神を信頼する人は世俗的次元

の事柄にそれに相応しい以上の意味を置かない。そういう心を神から給わっているからである。神の判断との一致がここにはある。神への信頼は世俗へのそれと二律背反である。神への信頼によって世へ死に世から自由となり、このことがそういう事態を可能としている。「無垢な人の生涯　主は知っていてくださる。彼らはとこしえに嗣業を持つであろう。」(詩編37,18) という告白はこういう事情を吐露している。

　(b) 主と民
　ヤハウェは全世界の創造者なので自然的世界の神であると同時に歴史的世界の神でもある。神をそういう神として信じ、また確認する必要がある。農業の収穫などを期待して祈るだけであれば、そういう神は日本での神のように単なる「ご利益」的な、人間中心的な神——その実神ではないが——に過ぎない。人には自ずから自己反省という心の働きが生じるが、素朴に信じるのみでは不十分である。是非ともそういう信じ方を反省して、つまり他の考え方、信じ方などを媒介して先のような信じ方に至るという手続きが必要である。自己の立つ場を一度自己から突き放して省みることが不可欠である。人に理、知性があるので自ずからそうであるほかないのである。
　ヤハウェは自己が創造した世界の中の一部のところに住み給う筈はない。当時の世界観でいえば神は天にいます。地は人の生きている場所。地下は死者の行くところ。こういう住み分けができている。神は超越的であることがこの点にも出ている。そして神は天から例えば山へと降りてくる。これは特別な場合でのことである。視覚的に考えてもこれは自然なことであろう。その前提として神は全地を摂理している。決して世界はギリシャ思想でのようにそれ自体の内在的法則でいわば自動的に動いたり、展開しているのではない。超越的な神によって統制されているのである。だから神が手を引くと世界は一気に崩壊するのである。神の意志と言葉に世界の存立は依存している。かくて現代人が考える科学的法則を前提としての奇跡という発想は欠けている。未発達の科学とも相俟ってあらゆることを超自然的な神に起因すると考ええたのである。現代的な固定観念がないので、どのようなことをでも、ごく日常的なことも含めて、

奇跡と感じえたのであろう。神への信頼が厚ければ厚いほど奇跡と感じる度合いも強かったであろう。反対からいうと、奇跡という考えや言葉は必要がなかったことをも意味する。それほどまでに世界は彼らにとってはいわば現代流にいえば柔構造にできていたのである。このことは人の心もまたそれに応じて柔にできていたことを示す。禅で「身心脱落、脱落身心」で表されるような体験とどこか一脈通じるところがありはしないかと思う。自然という概念が双方で脱落しているのであるから。

　さて、これから得ようとする土地は水をやる必要があったエジプトの土地と違い天からの雨で潤されているという（申命記11,10以下）。これは勿論ヤハウェによることだから、神の具体的な恩恵的行いを示している。決して神についての概念をではない。当時の農業としては降雨量が問題となろう。降らなさ過ぎも降り過ぎも困る。そういう人為的な処置困難な事情がヤハウェへの信仰を深めたことは十分推測しうる。厳しい自然環境が神への信仰と関連していることが分かる。神へ向かって心が開かれている。そういう環境が心の開きの理由の半分を形成している。一方、水をやる必要があるとはいえナイル川のあるエジプトのような豊曉な土地だと、太陽神というように自然的事物が神として崇められる結果となろう。厳しい環境では自然の事物を神とはなしえないであろう。心の開かれ方の相違が見られる。

　こういう神の導きの下でイスラエルは自己を認識する。さらに民の中の個々人もそうする。民全体の自己認識は個人のレベルへと浸透する。民と個人との自己認識の相互透入、これはきわめて大切である。これが強ければ強いほど民族として一体的でありうるからである。特にこれから異民族との戦争を経てカナンの地へ入っていく場合には。民の歴史は個人の歴史へと深化される。例えば出エジプトの出来事から個人は自己を振り返る。ここに独自の自己観が得られる。これは人の神への開放性へ通じている。人は自己を概念的に、例えば理性的生き物として規定するのではない。神が歴史の中で示した出来事から判断するのである。自己規定において神が先行しているのである。その際神を思い描くに当たっては具体的、歴史的出来事と一体になってそうしているのである。歴史の中で働く神である。こういう仕方で神が人の世界の中に入ってきている

ということは、人の世界に最初からいわば風穴があいていることを示している。イスラエル的思考の開放性ということと大いに関係があるであろう。

ところで、民の安寧を目指した規律も主の言葉によっている。例えば焼き尽くす献げ物、贖罪の献げ物、賠償の献げ物、重い皮膚病の患者の清めのときの指示（レビ記1,4,5,14各章）も"主はモーセに仰せになった"で始まっている。神の命が重要なのである。ギリシャ哲学において世界内在的法則によって世界理解をしようとしていたのとは異なっている。ここでは世界全体が視野に入っているが、聖書的世界では必ずしもそうではないであろう。動物を天、地、水の中に生きているものとして三分類してはいるが、世界を明確に規定することは必ずしも必要ではないであろう。神を信じることがまず存しているからである。

かくて主の言葉への信頼が大切である。往々にして民は主に信頼し切れない。例えば偵察隊の報告に対して民は不信を表明する（申命記1,26以下）。アブラハムがサラに関する主の言葉を信じたようにはいかない。人はどうしても主の言葉よりも自己の判断を優先したがる。その結果主に従えない。自己の判断を捨て主の言葉を信じることにおいて、人の心が世を離れて主の許にあるか否かが顕わになる。信じてはじめて主は人の側に立たれる。まず人が主の側に立ったからである。人が主の側に立っていれば次のような理解[26]も可能である。即ち創世記49,1～28に関してであるが、各部族の運命は父祖ヤコブの語った預言者的言葉の作用としてしか理解できない。彼は祝福、呪いの言葉を通じて創造的に働く言葉の全権によって歴史を形成する。以上である。人の言葉が歴史を形成すると、少なくともそのように信じられているのである。ここまで来ると人の言葉はもはや人の言葉とはいいえない。人を超えた次元のものとなっている。人が神の機能を代行しているのである。王権神授説という考えがかつてヨーロッパにあったがそれ以上である。人の言葉が即ち神の言葉であるからである。人の神への全的信頼、それに応えての神から人への全的委任があってはじめて成り立つことである。

主はアブラムに子孫が繁栄すると約束した（創世記15,5）。にもかかわらずイサクにはまだ子がなかったので主に祈ったら、妻リベカは身ごもった（25,21）。これでも分かるように生きることは主に依っているのである。あの地方での当

時の種々の情況を考えるとこのことは十分理解される。こういう主への全面的信頼なしには生存は成り立たないという切迫した感覚は別の方向へも出ている。カナンの土地取得の過程については例えばヨシュアによるエリコの占領（ヨシュア6章）を見ても分かるように、何か奇跡的な要因を感じざるをえないのである。そのように、見た現実を超えて美化されて描かれている。神話化という要素が入っている。ただ単に歴史を描写しようとしているのではない。主への告白ということが第一である。主を重んじるという情況はほかにも地境を動かしてはならない（申命記19,14、箴言23,10）ということがある。土地は神からイスラエルに賜ったものである。所有権は主にある。かくて人が後から地境を動かすことは許されないのである。土地が神に属すのなら地境もまた主に属すからである。それに手をつけるのはもってのほかである。かくてまた自己の所有地を勝手に交換したり、換金したりはできないのである（列王記上21章）。神を信じる者は世にあっては寄留者のようなものである。神から借りた土地の上に生きているのである。自己の所有物としては何も持ってはいないのである。

　こういう神信仰といえども超えねばならぬ断絶に遭遇する時がある。バビロン捕囚である。アブラハムへの神の約束は反故になったのかと深刻に反省せざるをえない。こういう情況では創造信仰が重要でイザヤはこれに依拠して宣教している（45,7以下、43,1、21など）といわれる[27]。イスラエルへの約束が捕囚によって反故になるとき、彼は神が創造者であるということに依拠したのである。神による創造という原点に戻ったのである。現在の情況にあってはいかなる救いをも感じえない場合、立ち帰るべきところはそこしかないのである。世界の始原という意味でも原点である。しかしそれも創造ということについて思弁的に考えるためではない。現在の苦境をそういう信仰によって打開するためである。そういう目の前の現実があるのである。創造それ自体というごとき人知を超えた領域へ入り込もうというような思い上がりは存しないのである。そういう点では少なくとも世界が無から造られたとは考えない仏教と類似点があるともいえよう。イスラエルの原点が出エジプトにあることからも分かるように、イスラエルは神をまずは救済者として信じたが、このことが反映しているのである。捕囚のような出来事は一種の終末である。かくて終末と創造とは一

である。一端終末に至り、そこから新しい歴史が始まるのである。過去への眼差しは同時に将来を見据えているのである。創造という点については天地創造がエルという神に帰されているという点が新しいことだとされる[28]。それ以前はそうでなかったのにそう告白したということは、固有な信仰の誕生を意味するとされる。それは同時に実存的に新たなる人の誕生を意味するといえる。

(c) 悔い改め

　善悪、悔い改めについて。アモスによればイスラエルは罪を重ねる (4,4～5)。かくて主の日は災いの日となる (5,18～20)。喉元過ぎれば熱さを忘れるといわれるように、イスラエルは道を踏み外して堕落する。神への固執と義への固執とは一である。それには自己中心的であることを脱自的に超えねばならない。こうして心の奥深くに胚胎している義への思いを彷彿たらしめねばならない。こういう観点から見て興味深いことは、ユダヤ教では一般に原罪ということは考えず悔い改めによって自己の贖いを得られると考える点である。祭司文書は人の一般的罪性については何も証言せず罪と死との連関について何もいっていないとされる[29]。「お前たちがイスラエルの地で、このことわざを繰り返し口にしているのはどういうことか。『先祖が酢いぶどうを食べれば　子孫の歯が浮く』と。」(エゼキエル 18,2) といわれる。だが「父祖は罪を犯したが、今は亡く　その咎をわたしたちが負わされている。」(哀歌 5,7) ともいわれている。先の世代の罪が後の世代に及ぶことについて、自分たち自身が罪人だと認識していればこういう考えをあえて否定せずに済むのである。その上、神自身十戒を見ても人に守れないほどの厳しい掟を押し付けてはいないのである。神は罪を前提として守りうるような定めを与えているのである。結局エゼキエルは世代を超えた懲罰という考えを採用していないと思われる (18,20)。しかしこういうことが問題となっているのはアダムの無垢は特に問題にしない情況での話である。無垢から堕罪したアダムと第二世代以降との間での罪の伝播という問題はエゼキエルがここで問題としている事柄とは次元が異なるといわざるをえない。旧約はそもそも罪に限らず一定の宗教的観点からその理論的体系を提示しようとはしていない。元来告白の書である。そうであるからまた人間界

の悪しき事柄が例えば蛇（創世記3章）に象徴されるように、超人間的世界からの干渉によって惹起されると考えたとしても、それはそれとして理解しうることであろう。人の思いが天に向かって開かれていることの反映であろう。天にいます神に向かって開かれていれば、そういう逆の結果になる可能性も当然ありうるであろう。人間界が自立的、自律的なものとしては観念されていないのである。もとより人には悪い性向を変える可能性はある。ただ限界があるのも事実であろう。だから勇気をもって変革に努めると共に究極的には自己の分をわきまえる必要があろう。さもないと傲慢の罪に陥る。誇る者は主を知ることを誇らねばならないのである（エレミヤ9,23）。主を知るとはもとより論理的に知るのではないことは明らかである。主の語られた言葉の内実を知るとの意味である。これは主体的に個々人が体験として知るほかないことである。だれにでも近づきうるといえよう。こういう知り方であれば哲学的な理解はあえて必要ではない。むしろ反対にそういうものは真の理解を疎外さえするであろう。

　ユダヤ教の立場からは律法は罪を顕わにするために与えられたというパウロの律法理解は問題なのであろう。また信仰のみによって義とされるというルター的信仰理解は本来生活の指針である律法による行いを軽視する結果となると判断するのであろう。キリスト信仰の立場から見るとユダヤ教の立場はプロテスタントよりもカトリックに近いのであろう。しかし本当に自発的、自主的、自律的、主体的に善き業を律法尊重の立場から行いうるのかという疑問が生じる。ともかく人の罪の不可避性は例えば「人が心に思うことは、幼いときから悪いのだ。」（創世記8,21）といわれている。同様の趣旨のことは詩編51,7、ヨブ記15,14以下などで示されている。こういう点は実存的な罪告白であり、アダムの堕罪についてパウロのように罪から死が入ってきたとは解さない考え、と呼応しているといえる。現在の実存的告白がすべてなのである。そこで高慢から神を無視したり意図的に悪事をなす者が神からの罰を受けるべき者と考えられている（詩編10,3〜9,15）。かくて一方では高慢への転落を避けつつ、他方では善き業の実行に努めねばならないのである。中庸の道である。至難の業ではあるまいか。善き行いの価値を認め過ぎると人間賛美に陥る。反対に罪を警戒し過ぎると先のプロテスタント評のように行いへの衝動が欠けてくる。ジレンマ

が不可避であろう。

　人が基本的にいってこういう情況にあるので、悔い改めへの道は開かれていると考えるのである。父や兄弟は主に背いて滅ぼされたが主に立ち帰れば赦されるであろうといわれている（歴代誌下30,7,9）。それには聖別された主の聖所に来て主に仕えることが必要である（8節）。やはり儀式的なことが不可欠なのであろう。犠牲をささげて赦されることは、奉納物を過ってささげず主を欺いて罪を犯した場合、どういう儀式を行えばよいかが規定されている（レビ記5,15以下）ことで分かる。要は主へ立ち帰れということである。赦しの条件としていつも儀式のことがいわれてはいない（例えばイザヤ55,7）。だから基本的には立ち帰ることが大切であることを意味している。立ち帰りとは律法の実行以外にありえない。律法が定めた行いへ向きを変えることを意味する。実行できぬことをせよと命じられているのではないのであるから。悪人の悪も立ち帰ればその悪も当人をつまずかせぬといわれている（エゼキエル33,12）。これは新約で百匹の羊のうち一匹がいなくなった話（マタイ18,12以下）と軌を一にしている。罪人への憐れみが大きいことを示す。こういう神の憐れみに応えて人は律法を実行すべきなのである。かくて自己の行いによって自己の贖いを達成しているといえる。自己贖罪である。このことと神の憐れみの大きさとが表裏一なのである。ただイスラエルの歴史を見れば一目瞭然だが、何度も自己贖罪は失敗している。そこで真の犠牲をささげるということからいえば、イザヤ53章での神の子の犠牲という事態の予想も生まれて不思議ではないであろう。聖所での犠牲の奉献は暫定的なものと考えることもできよう。

　ところで、悔い改めが先かあるいは救いが先かという問題が生じるかもしれない。新約では当然後者である。では旧約ではどうか。旧約も基本はそうだという理解もあるかもしれないが、この際個人についてと集団についてとを分けて考える必要があるといえる。十人の正しい者の話（創世記18,22～33）は救いが先という考えとは矛盾しないのか。そういう条件で集団の中の罪ある人も赦されるのであるから。一般的にいっても罪があるのに何もなしで赦されるとすれば、まさに不可思議である。だが神は正しくそういう存在なのである。こういう点とも関連して興味深く感じられるのはヨセフの物語（創世記42章以

下）である。これについて人の悪行の中にさえ大いなる救いを見ている考えには神による罪の赦しが含まれているとされる[30]。神は人の悪をも救いの体系へ組み入れる。この事実によって人の悪への赦しが感じられるという。人の罪の赦しは元来人に起因するのではない。贖いは人以外の存在によって行われるほかないのである。この点を考えると、神の救いの体系へ組み入れられればそれはそれで贖われていると考えても不思議ではないであろう。さらに赦しということでは、ヨシュアとカレブとが偵察してきた土地に進攻するのを恐れ民が彼らを打ち殺せといった時、主がモーセの言葉ゆえに赦しているという事実（民数記14,20）があげられよう。モーセはもともと神によって立てられた存在である。そこでその人のいうことは神も聞いてくださるのである。結局人が神についてこれこれこうであるとして神の行為を限定しようとすることは大きな罪なのである。神はその都度その都度自由に判断されるのである。人の判断基準で神を見てはならないのである。神を絶対の権威と認めることはそういうことである。人の自我は雲散霧消するのである。人が自己をどう考えているかは重要なことではない。いずれにしろ人としては悔い改めるに超したことはないといえる。これは神への畏れと一のことである。

(d) 神への畏れ

こういう畏れは真の知識と一である。「確かな判断力と知識をもつように わたしを教えてください。」（詩編119,66）といわれている。「あなたの掟を教えてください。」（68節）ともいわれる。与えられている掟を正しく判断し、確かな知識をもてるよう祈っている。正しい理解とは固定した形の知識ではないのである。各人が具体的な時所位において正しく言葉を聞くとは文字を固定することではない。つまり人間的な保証、担保を作り上げてはならないのである。イエスも問題にしているように「自分の前でラッパを吹き鳴らしてはならない。」（マタイ6,2）のである。人が勝手に決めてしまってはならない。「文字は殺しますが、霊は生かします。」（第二コリント3,6）といわれる。霊は字義に拘泥することなくその精神に立ち帰って主の意を汲もうとする。字義固定すればそれを守っていればよいという形で一種の安心感が得られる。だがこれこそ

人の手による安心である。これはいわば一種の偶像崇拝のようなものであろう。言葉によって書かれたものが偶像化されているのである。文字通りすべて人の企画によることであるからである。元来神よりの言葉を人が偶像化しているのである。金を鋳て牛の像を造ってそれを拝むというのではないが。つまり人は何でも偶像化して安心したいという欲求を持っているのである。偶像化とは自己化である。自己の処理可能なものへと変えることである。神の言葉にこういう処理を施すことは神そのものを自己処理可能なものへ変えようとすることである。以上のような真の知識を求める人の側の祈りに対応するように神は「立ち帰れ、立ち帰れ、お前たちの悪しき道から。イスラエルの家よ、どうしてお前たちは死んでよいだろうか。」(エゼキエル33,11) と呼びかけている。神は決してイスラエルが滅ぶのを望んではいないのである。

　悔い改めて真の知識へ立ち帰りができるには、そこを起点にして心の向きが変わる一点が必要であろう。これこそ義への固執であろう。聖なる方の仰せを覆わないためなら滅びてもよいという信念である (ヨブ6,9以下)。幸、不幸よりも善悪をより重要と考え、信じる生き方を反映している。義と神とは一である。そこでどのような苦の中にあっても神を見方としてその中で耐えられるのである。事実覆わなかったことが慰めとなっている。滅びさえ意に介していない。幸福と浄福とを分けて考えるならばこれぞまさに後者である。ここにあってはヨブの場合のように幸いをも苦をも共に同じ神からのものとして受ける。取捨選択はしないのである。神と悪魔とを分け、幸いと苦とをそれぞれに配することはしない。こういう考えは「あなたがたの天の父が完全であられるように、あなたがたも完全な者となりなさい。」(マタイ5,48) というところへ究極する。マタイ伝は最初に系図を重んじていることでも分かるようにユダヤ的なので、こういう面が強く出るのであろう。神への信仰は善への信仰でもある。神善一如である。神中心的とは即ち善悪中心的との意味を持つ。幸不幸中心的ということはそれに相反しているのである。「手のひらに欺きがあれば貧乏になる。勤勉な人の手は富をもたらす。」(箴言10,4) といわれる。善と富とが、悪と貧とがそれぞれ呼応している。こういう感覚も神への信仰が背景にあってこそいいうることである。さらに主に逆らう者は剣を抜き、貧しい人を倒そうと

するが、かえってその剣は自分の胸を貫くという（詩編37,14以下）。日本でも自業自得という。自殺行為なのである。これはそこに神の御手が働いている証拠であろう。悪い企てをするのは罪ある人だが、それを隠れたところでいわば監督しているのは神なのである。そこで悪の行いの結果は本人の上に落ちかかるのである。それが神の意志なのである。だが善に関する知的判断に意志はついていけるのであろうか。意志はからだから来る、世俗からの欲求に対抗しうるのか。パウロも嘆いている。人が生きている限り永遠に続く問題であろう。だから善行に勉むべしということとなる。反対に幸、不幸が中心だとそこには神は臨在し給わない。そこで苦の中では耐ええないのである。このような事態の徹底のためにもキリストの復活ということが不可欠であろう。罪のない者は不死なのである。旧約の段階ではまだこの真実が歴史的事実となった出来事は見出されないのである。苦をさえも聖なる悦びへと転化させるような。こういう出来事の有無にかかわらず善への固執は人にとり孤独であると共に孤独でないともいえる。神と共に歩むという意味では孤独ではない。だが人の集団の中にあっては孤独であろう。なぜなら自己の周囲に同類の人は多いとはいいえないからである。この点はヨブを見ても分かる。

　こういう心の清さは自分をいわば迫害する者への復讐を願わないことにも現れる。自分達を責める者は自分達がわざわざ神に願うまでもなく、神自身が彼らを滅ぼすと信じているのである。自分達の敵は即ち神の敵だからである。自分達と神との間に隙間はないのである。あえて神に復讐を願うのはそういう隙間が存しているからである。自分達がそういう声を挙げるまでもなく神はすべてをご存知なのである。自分達の戦いは神の戦いである。また見方を変えると復讐を願うのは心の根がまだ世の方にあることを露呈している。苦難がそれ本来の働きをしていないことでもある。苦難の表面しか見られていないのである。究極的価値が世の方に置かれたままなのであろう。心清き場合いわば最初から根本的には世から出ているのである。そのことを具体的、現実的な出来事を経過することによって確認していく作業が残っているのみなのである。生来そのように定められている面があるのであろう。予定説が生まれるゆえんも理解されるのである。当人の心は清く生まれついている。「母の胎から生まれる前に

わたしはあなたを聖別し」(エレミヤ1,5) とエレミヤ書でいわれていることはこういうことでもある。何かそういうことに関係している事柄を達成するために生を受けているのであろう。清さとは神への信仰のいわば種子のようなものであろう。生まれる時、種子を植え付けられて生まれてくるのである。この点が信じられてくると、終末までの歩みや終末そのものもまた信じうるであろう。世を生きるに当たっての種々の出来事がその種子を育てるのである。ある出来事は水をやり、また別の出来事は肥料をやり、さらに別の出来事は反対に日照りを意味するであろう。種子にとっては好都合なこともあれば不都合なこともある情況を通り抜けながら生育していくのである。

(e) 神への畏れと知恵

　神は聖なる存在である。そこでそういう神を畏れることが真の知恵なのである。神は永遠の存在なので人は神から常に律法に忠実たることを求められる。人はこれに応えねばならない。だが人はそれを果たし切れない。その結果たびたび堕落する。神はどこまでも民を捨てずに探し求める。真に神と出会えば人は畏れを感じざるをえない。ここでは罰を恐れるという事態は生じない。そういういわば一種の余裕ともいうべき乖離はない。罰を恐れるという情況では主との出会いとかそれに伴う畏れは欠如しているのである。畏れと恐れとは区別して考えねばならないであろう。恐れの場合は出会われていない部分が残っているのである。出会いによって圧倒される場合、そういう"残り"は存しないのである。出会いにおいてはじめて神・人間間の対話が可能となる。これはしかし対等者間のそれではない。これは神・人間間の契約がそうでないことにも呼応している。人は神の究極的な、最後の言葉に対しては沈黙するしかないのである。神は究極の知恵なのであるから当然のことであろう。そういう知恵の前では人の知恵は無に等しいのである。丁度全宇宙と人の矮小な存在との対比のようなものであろう。知恵でも存在でも比較を絶しているのである。

　もっとも人は日常生活において多くの事柄で何かを真実として信じることは当然生じる。神を信じる場合はこれとは様相が異なる。神の霊が心に宿り霊が霊自身を認識することとなるのである。これは一種の自己を超えた自己認識で

もあろう。単に対象的に認識するのではない。既に自己の内に入っている対象を認識するのである。自己の外のものをではなく、自己の内のものの認識といえる。こういう点から見ると、神への信仰は禅での無我を通ってのことと思われる。こういう神への帰依では雑多な要素の入る余地はなく、心は純一である。「無垢であろうと努め、まっすぐに見ようとせよ。」(詩編37,37)といわれているとおりである。こういう心には霊肉の分裂はない。全身、全霊で主の方を向いているのである。あるときは主の方を向き、またあるときは世俗的利益の方を向くということはない。たとえパウロがローマ7章で嘆いているような情況が生じても向きは常に主の方である。そうであればこそそのような嘆きもまた生まれるのである。「鋤に手をかけてから後ろを顧みる者は、神の国にふさわしくない」(ルカ9,62)ということなのである。道は一本なのである。二本も三本もないのである。他のものは目に入らないのである。入っても入らないのである。見えても見えないのである。反対にその一事については見えないのに見えるのである。「見えないものに目を注ぎます。」(第二コリント4,18)とパウロがいうように。見えるものに目を注いでいると心が割れるのである。道が二本に分かれるのである。いわば乱視になるのである。挙句見えないものを見失うのである。

　こういう真の知恵と畏れは主の前でのへりくだりと一である。「我々にかたどり、我々に似せて、人を造ろう。……すべてを支配させよう。」(創世記1,26)とある。だからといって人は傲慢に陥ってはならない。「神に僅かに劣るものとして人を造り」(詩編8,6)ともいわれる。この点を肝に銘ずべきなのである。忘れると自己を誇る罪に堕する。誇る者は主を誇るのである。誇りにおいては主と自己とは互いを排除し合うのである。畏れは主に対してのものである。つまり主から由来する。主から与えられたものである。恵みである。だからそれまで以上に主へ人を向けさせるものといえる。このことはつまり律法遵守をも意味するであろう。人はかくて静かな聖なる悦びの中にあるのである。「シオンに住む者よ　叫び声をあげ、喜び歌え。イスラエルの聖なる方は　あなたたちのただ中にいます大いなる方。」(イザヤ12,6)といわれている。聖なる方が只中にいるのを喜ぶという。かくて自分らの中には聖が支配している。それを喜

ぶのである。いいかえると義と生との一を喜ぶのである。それには民も襟を正して悪を悔い改めなくてはならない。さもないと聖なる神の前に立ちえないからである。かくて主からの罰を恐れるという主への態度は正しい信仰からのものではないのである。正しくは深い信頼があるのである。こういう事態は同時に日常生活の中で出くわす他の一切への恐れから人を解放するのである。「主を畏れれば頼るべき砦を得」（箴言14,26）といわれている。普通に考えると人を助ける存在が「聖なる」と考えても、そのことを人間中心的に解してしまうであろう。特に日本でのいわゆる「ご利益」宗教ではそうであろう。本来的意味での聖ということがあることによって格調の高さもまた感じられるのである。イスラエルが神を自分達を救う者と理解しているとしても、本来的聖があるがゆえに「ご利益」的、人間中心的な神とは異なるのである。一方、罰への恐れがあるとそこから人は種々の悪に誘われるのである。恐れからの解放はかくて悪からの解放でもある。こうして自利利他が可能となると考えられる。

　神に属すこの知恵は天地創造以前にあったのである。「主は、その道の初めにわたしを造られた。」（箴言8,22）といわれている。ロゴス・キリスト論が生まれるゆえんが理解される。全世界に先立つのである。そして「主の知恵によって地の基は据えられ……」（3,19）といわれ、創造の媒介者となっている。人は神に似せられているので人のみがこの知恵を理解しうる。知恵の指示するままに生きることがとりもなおさず律法を守ることである。「あなたもあなたの子孫も生きている限り、あなたの神、主を畏れ、わたしが命じるすべての掟と戒めを守って長く生きるためである。」（申命記6,2）といわれているとおりである。その結果として「この大いなる国民は確かに知恵があり、賢明な民である」（4,6）と諸国民からいわれるのである。畏れ、知恵一体の境地から信頼に満ちた随順が生まれる。この点はエレミヤの召命を思えばよく理解される。人の側での迷いを吹っ切って主に従っている。無条件にである。「あなたたちの前に神を畏れる畏れをおいて、罪を犯させないようにするためである。」（出エジプト20,20）とあるように神の律法への随順という行為が神の聖と栄光との目的であるとされる[31]。確かに畏れとは律法への随順という行為を含むのである。感情重視の神秘主義的なのとは異なる。現実的にものを考える考え方とも合致する。行為重視とは現実的、可視的世界重

視と重なる。内面重視とは異なる。さらにヨセフの神への畏れの発言は彼の言葉が信頼しうることを表すという (32)。彼は自らを神によって拘束させているのである。だから兄達は彼を信用してよいというわけである。神への畏れ―戒めへの服従―信頼しうる人物というようにこれらは一連のことである。畏れという心情の内には畏敬の念と畏怖の念との双方が入っているのであろう。神は聖なる存在なので神があえて人を滅ぼさずとも人は主を見たりすると自ずから滅ぶのであろう（イザヤ6,5）。預言者イザヤでさえそうなのである。いわんや一般人においてをやである。このように畏れによって信頼に足る存在になっていれば、そういう人はそれによって主の業に参入しており、主はそういう人の生活の上に、の中に、を通して働くといわれる (33)。主の働きと正直、公正な人々との関連がいわれている。彼らがたとえ自律的に善良さを実現しているとしても、それは神の業に参入していることでもある。神の働きと人の自律的行いとが一ということである。「主に信頼し、善を行え。」（詩編37,3）といわれる。主への信頼から善なる行いが生まれていることが分かる。

　主への信頼とは究極的なる者の意志への参与なので人の魂の最内奥の叫びともいうべきものである。神への視線から人の世界への視線が生まれている。このことは「悪事を謀る者のことでいら立つな。不正を行う者をうらやむな。」（詩編37,1）ということと平行している。不正によって利得を得る者に頓着するなとの教えである。こういう点は「悪を行う者よ、皆わたしを離れよ。主はわたしの泣く声を聞き……敵は皆、恥に落とされて恐れおののき……」（詩編6,9～11）においてさらに強められる。不正を行う敵が恥に陥るという。たとえ一時的に栄えても結局末路はこうだとの確信が吐露されているといえる。少なくとも不正な利得に腹を立ててはいない。こうして信仰は人を自縄自縛から解放する。自我の否定を意味しているであろう。こういう点から見ても畏れとは恐れではなく、信頼が優先している。基本的には生において神の意志と一であるところがあるので信頼しえているのである。損得より義・不義の優先を意味している。この場合神以外に信頼に足る存在はないのである。この優先は神的世界の中へ人間的なものを持ち込んではいないかという問題のいわば踏絵ともなるであろう。この優先において人は自己よりも神を第一にすることになるからである。こうしてはじめて神が

人を通して働くといいうることとなるのである。「彼の心は堅固で恐れることなくついに彼は敵を支配する。」（詩編112,8）とある。通常では人は何かを恐れるところがどこかにある。そこでそのことを通して他によって支配される。しかるにここにあるように「堅固で恐れることなく」という場合、そういう他からの取っ掛かりが欠けている。そこで他が支配しようにも支配できないのである。その結果、逆に他の方が知らず知らずの内に支配されることになるのであろう。もっともただの少しも支配しようとは思ってはいないのであろうが。結果がそのようになるのであろう。このことは霊のあるところに自由があるとパウロのいう（第二コリント3:17）ことを別の方面から見ていることを意味するであろう。

　(f)　信仰の徹底

　まずイスラエル人は心身、内外に分裂のない生命の溢れた、動的なシャーロームという状態を契約関係という生活様式を通して希求したとされる[34]。またイスラエルの信仰についてヘエミーン（הֶאֱמִין）という語が使われるとき、これは重要であるとされる[35]。こういう状態はただ単に定められた律法を遵守しただけで達成されはしない。真に内面からの参与が不可欠であろう。内外に分裂なしでなくてはなるまい。形式的に守るのみではかえって律法をなみするものである。ヨブ記はそういう心境へ達するための悪戦苦闘を示しているともいえる。神が世界を創造したということは世界も人もいわば神の内にあり、今神は世界の隅々まで知り摂理していることを意味する。神の世界支配は即ち善の究極的な世界支配を意味する。そういう信念は「主はわたしの命の砦……わたしを苦しめるその敵こそ、かえって　よろめき倒れるであろう。」（詩編27,1以下）との告白にも表れている。神への絶対依存が現れている。最後は神の義が勝利するという信頼と表裏一である。このことは「心の清い人々は、幸いである、その人たちは神を見る。」（マタイ5,8）という言葉への信頼とも一である。最終的には終末において悪人は滅ぶことが確信されているのである。そういう確信において終末は今既に来ているのである。つまり今現在において心は今にあると共に終末と同時的になっているのである。神の許にあるとは時と世を飛び超えていることを意味する。そのことにより現実を凌駕しているといえる。ここからまた通常の目から見ると驚異的

な生が産み出されることにもなるであろう。それには狭き門より入らねばならない。

「主にのみ、わたしは望みをおいていた。」（詩編40,2）といわれる。ここでの「のみ」ということは重要である。他の一切は捨てているのである。こういう情況では信頼という言葉では言い表しえない契機があるのではないであろうか。いわば奥義を究めているのであるから、信頼というような二元が前提となっている関係ではないであろう。真に神的世界に入っていれば自己はもはや単なる神に相対する存在ではなくなっている。神的世界に飲み込まれているからである。奥義を究めていると飲み込まれていない部分は残ってはいないといえる。だからここには信頼を超えた信頼があるといえる。自己が神を信頼するという情況では真にはまだ信頼し切れていない部分が残っていると思われる。神の偉大さによって驚嘆させられている情況ではまだ自我が存しているといえよう。否むしろそうであればこそそう感じるといえる。神対人という対決あればこそといえる。それに対して真に神に捕らえられる情況はエレミヤ20,7以下に出ている。自我が主によって刺し貫かれていわば占拠されているのである。それから逃れようとすればますます主に捕らえられたのであった。主のいわば奴隷となっている。他のすべてのための奴隷から解放されている。この際本来の意味からはそれるが、自己の中に二つの自己があるとの理解も可能であろう。霊の自己と肉の自己。前者は「あなた」（7節）である。これはもとより本来は主を意味するが、自己の内の霊という理解も有意義のように思われる。後者は「わたし」（7節以下）である。霊が勝ったのである。これは本来の自己である。だが「わたし」というものも全くの肉ではない。霊になり切れていない肉である。半霊半肉という自己の在り方を指す。肉から半肉半霊をへて霊へと進化、脱自する。ここでは「向外求仏」という契機を見出すことも可能であろう。

人が人格的存在であろうとする限りそういう魂にとって神への希求は不可欠である。神によって捕らえられた自己の魂に気づくことが人の魂にとって不可欠なのである。この点を自分では変ええないことを知ることが救いなのである。「岩」（詩編42,10）なのである。神が岩なのではなく、神によって自己が捕らえられていることを変ええないと知ることが岩なのである。からだにとって水が

不可欠であるように、魂には神が不可欠である。議論の余地はない。「御顔こそ、わたしの救い」（6節）、「いつ御前に出て　神の御顔を仰ぐことができるのか。」（3節）とある。水を飲むことには神の御顔を仰ぐことが対応している。苦難の只中にあってはその苦難に障えられて御顔を見失っているのである。神の霊は全天地に行き渡っているのであるから、人の心さえ曇らされていなければいつでも御顔を仰ぎうる筈である。仰ぎえないのはひとえに人の側に責任ありというほかないのである。水とは人の存在がそもそもそこから生まれてきたものである。水の中で生命は誕生したのであるから、人の存在より水の存在の方が先である。かくて水なしには人が生きえないのは当然である。これは丁度人の存在より神の存在の方が先なのと同じである。かくて人は神なしには生きえないのである。また水は地球上至るところにあるが、同様に神の霊はあらゆるところに行き巡っているのである。"御顔が救い"という言葉は「顔と顔とを合わせて見る」（第一コリント13,12）という言葉を思い起こさせる。人格なので神も人も顔という点に意味があるのであろう。からだの他の部分を見てもそれでは人格を見たことにはならない。手や足なら他の動物にもある。もとよりそれらにも顔はある。しかし動物から人へと高度化するにつれて顔が人格性を表すものとして大切になるのである。

　たとえどんなに危機が迫ってきても神以外に救いはないのである。「母の胎にあるときから、あなたはわたしの神。」（詩編22,11）ということは自分が生まれる前に神が救い主であることは自分の意志を超えて決められているとの告白である。神は苦難を通して人を自己へと引き寄せる。苦難がなければ人はどっぷりと世俗に浸ったままであろう。そこでまずは「あなたはわたしを塵と死の中に打ち捨てられる。」（16節）という告白をせざるをえないのであろう。次にそこから脱するには苦難と救いとが同一の神より由来するという信仰が不可欠であろう。ヨブ記でもそうであるように。苦難こそ救いの裏側なのである。否、表側なのである。隠された愛の神なのである。こういうものの感じ方には平常の出来事の中に神の意図を読み取ろうとする信じ方がベースになっていると思われる。しるしを求めるものの考え方とも呼応している。このことは人の考えが人間中心から神中心へと転換する事態と平行した事実である。心が浄化され

ていると苦難がただ苦難として映るのではなくて、苦難の底を通り抜けて自己の存在を存在たらしめた神へと思いが届くのである。こうして創造者としての神へ至ることは、見方を変えると自己の存在の底を抜けることであり、自己の終末を通り抜けることである。同時に終末へも思いは届いているのである。「苦難が近づき、助けてくれる者はいないのです。」（12節）とあるが、これは同時にほかに助け手を求めないことをも意味する。ほかに助け手を求めるぐらいなら滅ぶことを選ぶということである。生きるのも滅ぶのも主と共にということである。損得よりも善悪を優先することと一のことである。神と人とを天秤にかけたら神を優先するのは当然である。当然が当然とならない点が問題なのである。こういうところからアブラムのソドムの王に対する「あなたの物は、たとえ糸一筋、靴ひも一本でも、決していただきません。『アブラムを裕福にしたのは、このわたしだ』と、あなたに言われたくありません。」（創世記14,23）という強い心情が湧き出るのである。信仰にはやはりこういう厳しさが求められる。いい加減な妥協はできないのである。

　一般的にいって余裕のない情況で神を信じる時、神を第一にして信じている。人間の都合を優先して信じてはいない。そういう余裕はないからである。アブラムがロトと分かれたとき、イスラエル人が出エジプトの際直にパレスチナへではなくわざわざ南東へ向かうときなど、神を信じることは今の相対的な安全を捨てて神に自己の存在を賭けることである。アブラハムがイサクを犠牲にしようと決断するとき、神信仰はさらに徹底する。人間中心的信じ方を捨てていることによって同時に迷信に陥ることも避けられているのである。人間中心的、「ご利益」的に信じると知らず知らずの内に迷信に陥るのである。こういう感覚はきわめて個人的なミクロな次元へも現れる。いい加減な妥協なしということはカナンの住民（具体的にはサマリヤ人）との結婚禁止が割礼を受けた人々へさえも適用される点に現れる[36]。「右の目があなたをつまずかせるなら、えぐり出して捨ててしまいなさい。」（マタイ5,29）という言葉を思い起こさせるのである。天に心のあることの厳しさが伝わってくる。罪を犯さすようなものは全て捨てよということである。

　信仰者は自己が神によって知られていると信じている。神に知られて神を知

り生きるとき、人は自己に託された一種の使命を感じざるをえない。このことが人をどこまでも、いつまでも突き動かしていくのである。生きている限り目的地に達したということはありえない。無限の前進あるのみであろう。神の意志は同時に当人の意志である。神が天地を創造したように人に独自の創造性が授けられるのである。ここにおいて個としての人は単なる個を超えるのである。神という絶対がそういう形で宿るからである。人格としての人が大切な理由もここにある。主体を超えた主体となってはじめて真の主体なのである。こういう主体は究極の主体である神の御名をこそ第一とする（詩編115,1）。そのためには神のいわば聖域であるイスラエルの民について偶像崇拝をしている他の諸民族に「彼らの神はどこにいる」（2節）といわせてはならないのである。神が第一義である。人のことは第二義である。「何よりもまず、神の国と神の義を求めなさい。」（マタイ6,33）ということと呼応している。偶像崇拝をも含めて「ご利益」宗教では人の利益が第一である。神は人に仕えている。本末転倒になっている。義に固執するゆえに世にあっては苦難に出会う。そうすると彼らは「彼らの神はどこにいる」とあざける。"義への固執―苦難―神を第一義"と"利益への固執―安穏―人を第一義"とは相反するのである。

　こういう神の義への固執はアカンの罪の話（ヨシュア7章）の背景にもなっている。民はアカンやその家族を石で打ち殺している。事実アカンの天幕の地下に銀が埋められていたのである。それにしてもそれを発見するまで神による「指摘」を信じている。これは神の全知全能を信じることと一である。自然や歴史の隅々まで神は知り尽くしておられるのである。隅々まで神の意志は及んでいるのである。ただ人は終末以前の現在の時点ですべてを知ることはできない。だが一方ここでのように「指摘」によって知るということは、少なくとも現代人の目には例外的、奇跡的と映るであろう。こういう神の第一義は戦いにも及ぶ。ダビデとゴリアトとの決闘（サムエル記上17章）においても、「お前が挑戦したイスラエルの戦列の神、万軍の主の名によって」（45節）、「この戦いは主のものだ。」（47節）などは戦いが主の栄光のためであることを表す。このように戦いにおいても人より神なのである。究極の目的は神の栄光である。主がイスラエルを選んだのであるからこれは当然といえる。選んだ側が主体である。

こういう戦いを通して信仰は排他的となり他の神々を排除した。古代なので特にそういう信じ方が可能でもあり、必要でもあったと考えられる。この点が不明確であれば信仰はあいまいとなる面が生じたであろう。やはり明確な信じ方が必要であったであろう。

注
(1) イジドー・エプスタイン 『ユダヤ思想の発展と系譜』安積鋭二・小泉仰共訳 1975 224頁
(2) Ollenburger,Martens,Hasel（ed.）;The Flowering of Old Testament Theology 1992 5頁以下
　　　　　Ben C. Ollenburger ;From Timeless Ideas to the Essence of Religion
(3) 同上書 438頁
　　　　　Jon D. Levenson ;Idioms of Creature and Covenant
　ヘブル語の聖書の宗教では哲学的に深い所見はない。神の一性でさえも他の諸要素の結果である。
(4) 同上書 68頁
　　　　　Walther Eichrodt ;Covenant
(5) Ludwig Koehler ;Theologie des Alten Testaments 1966 184頁
(6) G・フォン・ラート 荒井章三訳 『旧約聖書神学Ⅰイスラエルの歴史伝承の神学』 1990 568頁以下
(7) Werner H. Schmidt; Alttestamentlicher Glaube 1996 100頁以下
　バビロンのマルドゥク、アッシリアのアシュシュルがその力において他の神々によって制約されうるということは排除されているように見える。かくて単一神教は唯一神教まで進むほかないと考えられる。
　唯一神への信仰と共に神と女神との間の性的区別が脱落する。神の結婚という表象は最終的には比喩として適用され、神―女神という関係は神―民という関連へ移され預言者によって罪過の指摘に利用される。真に神を信じていることがこういう結果をもたらす。ただ神の排他性がイスラエルにおいて常にどこにおいても貫き通されていたのではなかった。
(8) Ludwig Koehler ;ibid 133頁
(9) Werner H. Schmidt ; ibid 218頁以下
　旧約は神の本質についての証言をめったにしない。これは"生きている"という述語が基本的意義をもつ神学的なるものではないことを示す。生ける神とは元来神話的だったのをイスラエルが自己の神経験に合うように転釈したのである。ここにもイスラエルの実存的信仰の一端を見うると考えられる。

(10) イジドー・エプスタイン　同上書　102頁以下

ペルシャの支配下では書記として知られる一連の教師達は律法を環境の変化に対応させようとした。またギリシャの異教的で誘惑的な魅力にもかかわらずその根底では冷笑的な、その限り絶望しか与えない文化との交渉を退けた。

(11)　F. Avemarie ,H. Lichtenberger（herg.）; Bund und Tora 1996　27頁以下

　　　　　　　Beate Ego ; Abraham als Urbild der Toratreue Israels

(12)　ATD　旧約聖書注解　25 十二小預言書　上　ホセア―ミカ　1982　319頁

(13)　Meinrad Limbeck; Das Gesetz im Alten und Neuen Testament 1997　10頁

(14)　同上書 71頁

(15)　Yairah Amit; Hidden Polemics in Biblical Narrative 2000　142頁

(16)　S. Japhet; The Ideology of the Book of Chronicles and its Place in the Biblical Thought 1989 388頁以下

(17)　Werner H. Schmidt; ibid 176頁

(18)　G・フォン・ラート　同上書　73頁以下　235頁以下

シオン伝承はイスラエル以前のカナンの表象に遡り、二次的にそれらがシオンに転用されたことは疑いえない。イスラエル民族を考察対象とするヤハウィストの一特徴は自己を考察の対象として距離をおくことであったという。

族長物語の物語素材は多様な形態を持ち、物語に真正性の性格を承認しようとすれば誤りである。エジプト脱出の記事は多いが形成過程の最終点は創世記 1 章以下の六書の叙述である。しかし物語として拡大されて例えばエホビストは奇跡として示している。元来はそうでなかったものが奇跡として描かれるようになったのであろうと考えられる。やはり編集者が大切なのであろう。内容的にはヤハウェが働きイスラエルが語っているのである。そういう変更があると考えられる。

(19)　Ollenburger, Martens,Hasel（ed.）; ibid 132頁

　　　　　　　Gerhard von Rad; Eighth-Century Prophecy

(20)　Yairah Amit; ibid 202頁

(21)　S. Japhet; ibid 309頁

歴代誌下 13,9 においては北王国の儀式は神に仕えていない。

(22)　G・フォン・ラート　同上書　161頁

(23)　G・フォン・ラート　荒井章三訳　『旧約聖書神学Ⅱイスラエルの預言者的伝承の神学』　1991　140頁以下

(24)　A・J・ヘッシェル　森泉弘次訳『人間を探し求める神』1998　83頁

(25)　Meinrad Limbeck; ibid　76頁以下

こういう点の違いは不貞行為の規定で祭司文書では家族の共同生活を妨げるからではなくて汚すと感じられたので禁止されていることでもわかる（レビ記 18,20;19,20～22）。

申命記では神が女性における不義を気にかけているので問題になったが、祭司文書では神が定めた規定は神のために貫徹されねばならなかった（レビ記19,20〜22）。汚すことが赦されないことは祭司文書において人間にも及んでいる（レビ記21,16〜20、23）。

(26)　ATD 1 創世記　25章19〜50章　1993　786頁
(27)　Werner H. Schmidt; ibid 240頁
(28)　同上書　199頁以下
　　世界の創造がエルという神に帰せられている聖書外の証言は欠けている。カナン地域からは今までいかなるそういう神話も認められていない。そこで天地創造者という旧約的称号において二つの異なる神々の述語が合流したと想定された。そして旧約では天地創造がエルに帰せられたという。また西部セム族の銘文ではエルの意義は退き、バアルが第一位を占める。要は元来普遍的な唯一神ではなかったのである。にもかかわらずエルを信じていたのである。主体的信じ方が現れている。個人より民族が前面に出ている信じ方であろうと考えられる。
(29)　Ludwig Koehler; ibid　168頁
(30)　ATD 1 創世記　同上書　816頁
　　応報の原則の支配は認められている（42,21以下）という。
　　ヨセフも兄達の罪について何もいいつくろってはいないという。しかし神が人の罪の領域をも救いの摂理の中へ組み込んだという。
(31)　B・S・チャイルズ『出エジプト記下　近藤十郎訳』−批判的神学的注解− 1994 69頁
(32)　ATD 1　創世記　同上書　708頁以下
　　創世記42,18での神への畏れは20章11節や22章12節におけると同じく戒めへの服従を表している言葉なのである。
(33)　J.L. Mays ; Psalms Interpretation A biblical Commentary for Teaching and Preaching 1994 360頁
　　詩編111編で主の賞賛、詩編112編で正しい者について書かれている。主の賞賛と正直な者の推奨との間のこの関連は主の業が正しい者の生活を形成しうるし、すべきであることを表す。正直な者は独立して自律的に善良さを実現しているという関連はあつかましい要求ではない。
(34)　関根正雄　『イスラエル宗教文化史』1964　21頁
(35)　G・フォン・ラート　荒井章三訳　『旧約聖書神学Ⅱイスラエルの預言者的伝承の神学』1991　512頁
(36)　Yairah Amit; ibid 195頁
　　異民族との結婚についての公式見解がエズラとネヘミヤによって出された後でも、ルツ記や歴代誌でそれに反対の意見も出されている点を考えると、これはきわめて困難な問題であることが分かる。にもかかわらず公式見解は反対ということは神を第一義とし

ていることを表している。やはり信仰第一なのである。創世記34,25以下～35,2以下を見るとヤコブの息子達はシケムの男達を殺している。これは神を第一義としていることを表している。ディナのレイプの物語は分離主義を表しているので第二神殿の時期の初めに構成されたものである。

第2部
歴史を媒介しての契約内容の二次的展開

第 1 章

神から人への啓示

第1節　預言などの中心的事項

(a) 神の性格など

　まず、神の性格、それへの信頼つまり知恵などについて。人は主なる神に関してもろもろのイメージを思い描く。しかし神は生きている存在であり、そのようなものが身に合う筈はない。それらを突破することにおいて神はその主権を顕わにする。このことは預言者においても実現する。このことは人が神に向かって開かれることを促す。ヤコブは自分がまずイスラエルという新しい名を受け、後で相手の名を訊いたが答えては貰えなかった（創世記32,30）。この点について、人は神的存在が現れてその名を知れば、それを自己の好都合なように操作しうると信じ、祝福を掠め取るという内容の種々の伝説、とは全く異なると解されている[1]。ヤコブはそういう伝説とは全然異なる状況に置かれていたのである。真の神は人の都合に寸法を合わしてはくれない。モーセも神からその名を告げられ、イスラエルの人々にこう言うがよいと告げられているのみである（出エジプト3,14以下）。全く一方的に告げられている。神は主体的自律性においてそうしている。神が人の把握を超えているところでのみ、はじめてそういう神は人の自由の根拠となりうるのである。人の自我を打ち破る可能性があるからである。そうして人は開放性を達成するのである。人の開放性と神の人へ向けての開示性とは好一対である。ただ後者がイニシアティブを持ってはいるが。神が人にその名を明かした以上、それ以後は神はいつも人にとって

臨在しているといえよう。問題はそれ以後の人の側にある。神のそういう啓示に対し人は自己をどこまで開きうるかである。罪のために神への信頼が阻害されるのである。決して神の開示は自明的ではないので人は神を見失うのである。臨在の実感と信頼とは不可分であろう。ただ前者は妄想であってはならないのである。迷信へ転落する。こういう事態とも関連すると思うが、先のヤコブの場合には、格闘した相手が「お前は神と人と闘って勝ったからだ。」と言った（創世記32,29）とあるように、またヤコブ自身「わたしは顔と顔とを合わせて神を見たのに、なお生きている」（31節）と言っているように、顔と顔とを合わせて神を見ている。彼自身にとっても神を見てなお生きているのは不可思議であったのであろう。これに対して、エゼキエルでは彼を引き上げて連れ去る霊と主の御手が関わっているのである（3,14）。ヤコブの場合は例外であったのであろう。

「あなたの上にあるわたしの霊」（イザヤ59,21）と書かれている。こういう霊と言葉とが末代までもその口にあるとされている。ヤハウェ自身が幾度も民によって裏切られていることを考えると、これは神の人への信頼を表しているとも見うる。ここで改めてそれらを忘れて新たに民への信頼を表明している。このことはヤハウェがイニシアティブを取って、民の中にそういう信頼を創っていくという決意の表明と考えうるのである。神の側からと人の側からとの双方向的な信頼があって、はじめてこういう事態の実現は可能であろう。一方だけでは実現しない。「あなたたちの神、主が命じられた道をひたすら歩みなさい。そうすれば、あなたたちは命と幸いを得、あなたたちが得る土地に長く生きることができる。」（申命記5,33）とあるように、元来行うことができることが前提とされている。そうであればこそ、ここでのように末代までもその口にあるといいうる、考えうる、信頼しうることとなるのである。人の神へのこういう信頼の内には奇跡的なことへの信頼も入っている。つまり創造における神の働きへの信頼が入っている。無から有を呼び出すような全能への信頼が背後にあってこそ可能な信頼といえる。神への信頼というものは無から有を呼び出す権能への信頼というところへ集約されるともいいうるであろう。そうであればこそ我々一般の人々の復活もありうることとなるのである。枯れた骨が生き返っ

たという話（エゼキエル37章）にしてもそうであろう。超自然的な出来事や幻が旧約に多く出ていることも理解しうることとなる。何が起ころうと、何があろうと何の不思議もないのである。幻として見たことは直ちに現実になったと信じうる。幻と現実との区別の必要もないからである。自然科学的法則による見方に制約される必要もまたないのである。そこで日時計の影が後戻りしたとも書かれることとなる（イザヤ38,8）。可視的世界はその堅牢さを失い、軟らかくなる。フニャフニャになってしまう。丸いものは四角に、四角いものは三角に、三角のものは丸く見えるという具合に。山は海となり、海は山となる具合である。変わりうるのである。黙示禄にあるように海はなくなってしまう（21,1）のである。天は地となり、地は天となる。このように逆転もまた自在である。キリストの復活も無から有を生むということへの信頼あってのことといえる。双方の内どちらが先とはいえないであろう。基本的には後者なしに前者なしといえよう。ただ神から人への自己開示という点から見ると、人はいきなり無から有を生む神を信じえないので、即事的、即神的には前後はないが、即人的には前者が先とはいえよう。神は無から有を創造と実存的に信じた瞬間に可視的世界はその中にある全てのものと共に無の中に沈み去ってしまったのである。つまり終末は今来たのである。だから先ほどのように可視的なものはその形を失ったのである。形を失うことの根底にはその存在を失うことがあるといえよう。可視的なものは全てある一定の具体的な形を取って存しているからである。形だけあるとか、存在だけあるとかということは現実にはありえないことである。

　こういう霊とそれに関連した言葉とは知恵であると別言できる。知恵については大略次のようにいわれている[2]。まず知恵は滅びる危険の中にある（イザヤ29,14）。エレミヤは主の正義と恵みの実現により、逆にそのことを思い起こさせたと考えられる（エレミヤ23,5）。次に君主制の崩壊後はどこでこの知恵は見出されるのか。王的知恵の相続人は知恵の教師達である。以上である。崩壊前は例えばソロモン、ダビデのような賢明な王がいたのである。情況に応じて神はそういう道を備えられたのである。いつ、どういう情況になっても、いわば神の知恵を代弁する人々がイスラエルの中に生きていたことを意味する。少

なくともそう信じられていたのである。決して人々が抽象的に心の中で、頭の中で神の知恵はこういうものだと思い巡らして探求していったのではないのである。

(b) イザヤなどでの二次的契約

イザヤなどにおけるいわば二次的な契約について。内容による分類にしたがって考えよう。神が先行的主体となって契約が結ばれるが、従である人に義務や責任があることはいうまでもない。しかし神には主であるゆえに総括者としての他に対してのではなく、自己自身に対してのより重い責務があるといえよう。まず"雲"、"天蓋"（イザヤ 4,5) は神秘的な宗教的雰囲気を意味し、"燃えて輝く火"（同）は幕屋の上での神の臨在への言及（出エジプト 40,38）に似ていると考えられる[3]。要は火や熱は超越的、神秘主義的性格なのである。モーセも燃える柴の炎の中から呼びかけられている。第二イザヤはいわゆる捕囚の時期に当たるので、イスラエルの誕生からエジプト脱出を経てバビロン捕囚で区切りをつけそこからの脱却を望み見ている。

マラキ書はレビとの契約の廃止の可能性を告知している（1,6;2,2;2,7 以下）。廃止ということもありうるのである。民全体との契約がではないが。レビ族についての話である。神の言を司るのがその職務であるレビ族が職務停止に追い込まれるのである。神と人とのいわば仲介をしている存在が欠けることとなるので重大なことであろう。神の厳しい一面が窺い知られるのである。別の救いの秩序が預言されている。ダビデの家のことがいわれている（ゼカリヤ 12,7 以下;13,1)。レビとの契約の廃止に伴い新たな秩序が預言されている。だから終末的ということをもいいうるのであろう。「彼ら自らが刺し貫いた者であるわたし」（ゼカリヤ 12,10) という。イザヤ 53 章での神の僕を思わせることが書かれている。興味深い。捕囚後も神は裁くと共に救うのである。捕囚後はいずれ創造へまで遡って神を問うことが生じる。こういうところから新しい秩序ともいうべき考えもまた生まれることとなったのであろう。

エレミヤでの新しい契約も民との間のもの、律法が重要という点ではモーセ時代の契約と同じだが、律法が各個人の心に記されている点は異なるとされる[4]。

石の板の上に記されているのではない。バビロン捕囚によって民族としてのまとまりがそれまでほどでなくなったという事情も影響したであろう。それまでよりは個人が前面に出てこざるをえなくなったのであろう。「主の契約の箱について語らず」(3,16) といわれている。これはモーセ以来の契約の終焉を暗示するのであろう。悔い改めへの呼びかけをしつつ、新たな契約を唱えることとなるのであろう。民族としてはいわば一旦終わったようなものであるから、新たな旅立ちを考えたとしてもそれはきわめて自然なことであろう。捕囚後はイザヤが創造へ立ち帰るという一面を持つように、捕囚という出来事が大変大きいインパクトを与えたことは容易に推測される。そこからのシオンへの回帰は第二の出エジプトであるから、新しい出発である。かつての契約は出エジプトという出来事に関係しているからである。新たなイスラエルの誕生である。「新しい契約」とうたわれている（エレミヤ 31,31)。「わたしの律法を彼らの胸の中に授け、彼らの心にそれを記す。」(エレミヤ 31,33) といわれる。ここでも神が主体である。主がアブラムと契約を結んだ時（創世記 15,18）のように。心に記された以上、簡単には律法は離れはしないであろう。これは正に人としての新種の誕生ともいうべき事態であろう。律法の心への銘記が文字通りであれば、人は律法に随順し、人の側から神との関係を危うくする情況を作り出すことは、あるいは生じないかもしれないという期待を抱かせるのである。

　以上のようにエレミヤでは心への律法の銘記が重要であった。一方エゼキエルでは「お前たちの中に新しい霊を置く。わたしはお前たちの体から石の心を取り除き、肉の心を与える。」(エゼキエル 36,26) といわれる。かくて霊が重要となる。石の心が肉の心に変わっている。それが新しい霊と対応している。霊に反応する心が肉の心であろう。エレミヤでは律法であるからまだ間接的である。ここでは霊なのでそれだけ直接的となろう。神自身が人の随順に関わることになるのである。それまで以上に神の責任が重くなるであろう。つまり神がそれだけより近いといえる。逆に考えると、民の心がその分神から離れていることの反映とも取れなくもないであろう。ただブーバーがユダヤ教では神との関係は直接的だということの意味が理解されるようにも思われる。モーセでは石の板、エレミヤでは心への律法の銘記、エゼキエルでは霊の授与という具

合に次第に神の人への授与が直接的になっていく。次第に自己自身に近いものを与えている。そして最後にキリストにおいて自己を丸ごと与えるのである。

こういう変化を一貫していえることは民への裁きと救いとは常に一体であるということである。例えば「わたしは、もはや怒りに燃えることなく エフライムを再び滅ぼすことはしない。」(ホセア11,9) という。裁きの後で今後は怒らないと宣言している。こういう神の側での、人間的いい方をすれば自己反省が、人が自我を離れて開放的になることの根拠となっている。神でさえも自己の民を裁くことを控えるという事態に、人は心を揺さぶられるのである。裁く、あるいは愛するというただ一つの感情が支配しているのではない。神は義なので裁かざるをえないにもかかわらず、自己の民として自ら選んだので簡単に滅ぼすことはできない。そういう神の側での惑いが人の心の扉を押し開けることになるのである。そういう結果を引き出す。しかしそれには同時に神の義の厳しさを実感していなくてはならない。この点に関しては、出エジプトの過程で金の子牛を造って偶像崇拝に走った人々が、滅ぼされたという事実が挙げられる。過去にそういう事実があるのに神は裁きを躊躇する。このことが人の自我を破る可能性を秘めている。本当なら自己は神の前で滅ぶ。しかるに神は怒りの発動を控える。こういう神の側の自己抑制に対して人は自己を開く。こういう事実は、たとえ人がどういう情況に陥っても——それがたとえ自己の罪の結果としてであれ——神は最後の最後まで自己の責任において人を担い尽すというその意志の現れであるからである。こういう点から見るとき出エジプトという歴史的出来事は大きな支えとなろう。あれだけのことを達成してくださった神への信頼ということであるから。神は人がどう転んでも捨て給わないのである。そこのところが人の拠り処なのである。神は人と共にあるのである。それによって人は神と共にありうるのである。そのことを神は霊を通して人に自覚させるのである。

さて、預言者が歴史の中でヤハウェの言葉を語るという事実を顕著に反映することとして、次のような出来事が挙げられる。イザヤ20章によればイザヤは主の命じたとおりに三年間裸、はだしで歩き回った。これはエジプト、クシュの捕虜が裸、はだしで引かれていく事実の予告であったのである。預言者の行

為はこのように後の歴史的出来事を顕わにしているのである。シンボルとなっているのである。神の言葉は発せられたら実現したも同然である。それと同じであろう。東西の一般の宗教家がそうであるように、歴史から超越しての永遠的次元へ透入していく一面を持つのとは異なる。しかし現代の時代的情況の中でそういう信じ方が可能であろうか。キリストにおいて終末は一旦来た。最終的終末がいずれ来るという信じ方についてである。これは可能であろう。だが個々の歴史的出来事、例えば阪神大震災をどう考えればよいのか。もしこのことの信仰への組み入れができないなら、信仰が宙に浮いてしまうともいえるであろう。最終的終末での裁きの件であれば、それは個人的なこととなろう。歴史的出来事の個々に神の意志が現れていると受け取るか否かでは、大いに信仰の在り方が異なってくるであろう。旧約の預言者が活動していた時には、神は確かにイスラエルとその周辺については摂理していたであろう。また預言者と同時代で別の少し離れた場所については、神が直接摂理していたところもあったであろう。しかし日本の例えば戦国時代についてもそうだったのであろうか。否であるかもしれない。すべては啓示のためなのでそれで十分なのであろう。キリストにおいて最終的に啓示されたのである。かくてそれ以後については地上のどの場所についても、神の直接の摂理から外れている可能性を考えた方が適切であろう。阪神大震災でのような自然災害も起こりうるのである。たとえ何が起ころうと、人には罪があるので苦難を受容する以外に道はないのである。いつの時代、どの場所について神が直接その目を向けるかは、神の意志により決まることである。少なくとも人の目から見れば、いつでもどこでもまだら模様というところであろう。ただ究極的次元で見れば見方は一変するのである。

(c) 預言についての原則的なこと

預言についての原則的なことを内容によって分類しつつ考えたい。まず哲学的思索は体系的に論理を組み立てていく。そうとはいえ各時代の哲学はその時代の制約を受ける。時代的、場所的情況は各々異なるからである。それぞれの時代の中に生き、そこで考えているので当然その時代の人の使用している観念が入るからである。預言では神からの言葉を直截に語る。かくてその時代の人間が作り上

げた観念は基本的には入らない。ただ時代的制約は存する。神の言葉が語られるのは個々のその時期の情況に応じてだからである。かくて時代的制約は哲学では人の観念から、預言では情況から来る。もっとも哲学では時代の情況も制約となっているであろう。つまり人の観念と時代の情況という二重の制約を受けている。預言では情況という一重の制約のみである。ここでは具体的情況に適用する形で表されているので、その分神的真理をそこから読み出し易いこととなろう。哲学では情況は同じでも人の観念が中心なので、各々の立場からの独自の世界の構築に重点がかかる。具体的現実的情況への対応が第一のことでは必ずしもないのである。かくてそこから普遍的真理——神的真理へ通じるような——を読み出すことはその分難しくなってくるのではないのか。人の観念抜きで具体的情況へ対応する時には、究極的真実を直ちに適用するのであるから、人の解釈の入る余地はない。具体的であることによって普遍的なのである。哲学的立場は人の観念が入ることによってその分普遍性が低下するのである。

　さて、預言者とは神の言（葉）を預けられた者のことである。それほどまでに神からの信任が厚いのである。「母の胎から生まれる前に　わたしはあなたを聖別し　諸国民の預言者として立てた。」（エレミヤ 1,5）といわれている。したがって自己がそういう存在であるという自覚を当然有しているであろう。たとえ一時的に不安の生じることがあってもそういう自覚が消えることはないであろう。つまり預言者は神に向かって開かれているのである。これはパウロが「主の憐れみにより信任を得ている者」（第一コリント 7,25）といっているのと同様であろう。先のエレミヤの場合でも分かるように人の方から志願したのではないのである。あくまで神の方にイニシアティブがあるのである。後からそうだと判断できるのではあるが、生まれる前からそういう者として造られているのである。その限りにおいて人は受身の立場にあるといえる。人としてはどうしてもそうするほかないという仕方で、そういう者になっていくのである。偽預言者の場合にはこういう要因が欠けているのであろう。真の預言者によって神はその主権、聖、義、愛などの神に本来属すものを語らしめる。しかもそういう事柄をただ抽象的に語るのではない。現実の世界の中で現実的なこととして語る。そこで旧約を見ても分かるように、現実の政治的、経済的出来事と

の関連の中で語られることとなる。神が自ら選んだ民であるイスラエルを中心とすることはいうまでもない。周辺の諸民族をも巻き込んで語る。救う局面と裁く局面とあることは周知のことである。その際前者がベースとなっている。例えばソドムのためのアブラハムの執り成し（創世記18,16以下）もその点を表している。神は義なる者をどこまでも捨てずに、しかもその上執り成しまで許しているのである。さらに「エフライムを再び滅ぼすことはしない。」（ホセア11,9）と宣言している。滅ぼさぬというのが最後の言葉である。人が神に信頼するのもそうであればこそであろう。「主はすべてのものに恵みを与え　造られたすべてのものを憐んでくださいます。」（詩編145,9）とある。人に限らずすべてとなっている。しかも「すべて」が繰り返されている。中でも人は創造の頂点に位置しているのだからなおのことであろう。これは創造者としての責任ということでもあろう。神はそういう熱情の持ち主なのである。そうであってはじめて人は神に対して自己を開きうるであろう。さもなくばイスラエルはとっくに滅びたことであろう。どちらか一方だけでは真の救いを人は体感しえないであろう。救いのみでは人は甘やかされてしまう。その結果堕落が不可避となる。反対に裁きのみでは人は滅ぼされてしまう。どちらも真に人を立てることには通じない。このように考えてみると、預言は歴史と切り離しえないことが理解される。切り離すことは両者一体の事実から普遍的真理をいわば抽出しようとすることに通じるであろう。歴史は啓示のための単なる媒体ではない。また啓示がたまたま歴史の中へというのではなく、歴史全体が啓示であろう。預言は啓示と直結しているのである。神が歴史を主導しているのであるから。奇跡のようなことだけが啓示ではない。

　歴史ということでは、イスラエルにとってはエジプトでの苦難の日々を忘れないことが大切である。これが出発点である。そこに原点がある限り自国内に住む他民族はかつてのエジプトでの自己と二重写しとなる。だから彼らを迫害してはならないということが神の意志でもあるのである。民族が異なれば神も異なる。そこで全く同じに扱うことはできないが、必要以上に差別してはならないこととなる。その分自他の区別が絶対的ではなくなる。これでも分かるようにすべての真実は歴史から顕わになるのである。神が一括して最初に示され

るのではない。歴史的、具体的個別から永遠的普遍へと進むのである。というより前者の中に後者を読み取るのである。歴史を通して学ぶのである。人はどこまでも歴史的出来事に目を注ぐ。しかも神の発言が未来に関わっていることはいうまでもない。「わたしは初めから既に、先のことを告げ　まだ成らないことを、既に昔から約束しておいた。」（イザヤ46,10）とある。ヤハウェを信じているイスラエルの人にとっては預言者の言葉の成就を見てもこのことは理解しうるであろう。さらに、神は人を祝福することを欲している（創世記12,1〜3）のに、当人を通して全世界を神が祝福した人にユダは反対したため呪われた（使徒言行録1,20）という理解もある[5]。詩編109,8の成就を使徒言行録において見るというわけである。キリストにおいて神は世界を祝福しようとしたのにユダはキリストを呪った。そこでその呪いはユダ自身の上に返ってきたのである。人を呪えばその呪いは当人自身の上に跳ね返ってくるのである。神が世界を摂理している。その神は世界を祝福しようとしている。そこで呪いというものは神の支配領域の中ではその存在場所を見出しえない。かくてその呪いはそれを発した当人のところへ帰ってくるほかないのである。だが他民族の人にとってはどうであろうか。過去における成就を知ることから未来に関する言葉を信じうるのであろう。言葉と歴史とは一体である。かくて人の心は未来志向である。これは神の未来志向に応じたことである。神も人も未来に向けて開かれているのである。ただこの際人は論理的な自己完結性を捨てねばならない。そのようにして神へ向けて開放的であることが大切である。預言はこのように一般には未来に言及するが全部がそうではない。イザヤ9,7以下においてはかなり先の未来ではなく、近未来のことがいわれている。「御手は伸ばされたままだ。」といわれ、現時点において現された神の裁きを述べている。またハバクク3,7では「わたしは見た」といわれ、正に現在の裁きが叙述されている。

　次に、預言者の言葉は神由来なので大切なことはいうまでもない。しかしそれが記述された場合、それが情況に応じて再解釈されるということはあるであろうが、一人歩きしては不都合となる。偶像崇拝されてはならない。生きた言葉を人が殺してはならないのである。言葉の根源に立ち帰ってその真意を汲まねばならない。人が恣意的なことをするための手段となってはならない。言葉

を神から切り離してはならない。神と人との対話においてはどこまでも神が主体である。対等なパートナーではない。神が圧倒的であるところに人の自由、開放性、解放性が生まれてきているといえよう。神の圧倒性は人が自己を自己で処理することからの解放性を結果せざるをえない。自分は自己のものではなくて基本的には神から賜ったものであるからである。自己への思い煩いから解放されることでもある。そこで人はその分神に思いを致し神のことを念頭に置きうることとなるのである。その結果自分は人のことではなくて、神のことを思っているという自覚が生じる。こういう自覚から強い姿勢が生まれるのである。丁度パウロがアンティオキアでケファをなじっている（ガラテヤ 2,11 以下）ように。このように一方が質量共に圧倒的ということは他方がその中に包摂されることを意味する。その結果人が世界を見て神を体感しうるように、いわば直接的に神を知る局面と、聖なるがゆえに神を間接的にしか知りえない局面との双方があることとなろう。

いずれにしろ神への信頼が重要である。まず「王の勝利は兵の数によらず」（詩編 33,16）といわれる。また「主なる神に避けどころを置く。」（詩編 73,28）といわれる。強さが神への信頼から来ていることを表す。神への信頼ではパウロも取り上げているアブラムの態度（創世記 15,6）が挙げられる。主への信頼は、特に預言者の場合、その発言が記述されることに現れる。神の言葉は必ず成就する。そこでたとえ民が受容を拒否してもその真実性は少しも揺るがない。しかも一般的にいえることだが、一度記述されると今度はそれが何らかの規範という性格を持つこととなる。

ここで黙示文学の生成について。現実の歴史へのこだわりとメシア預言との間には二律背反的要素が生じるであろう。人にそういうこだわりがあると、神は人間並みにイスラエルに対して喜怒哀楽を顕わにする。こういう要素を一掃しない限り真に終末論的なヤハウェ像は生まれないであろう。創世記 18 章ではイサクの誕生に関して主のいわば代理人として三人の人がアブラハムの前に現れている。彼らを彼は地にひれ伏して迎えている。特別の姿をとってはいない。それに対してイザヤ 6 章では「わたしは、高く天にある御座に主が座しておられるのを見た。」（1 節）とある。その後 2 節では翼や顔などを持つセラフィム

のことを述べている。彼の召命に際しての陳述である。ここにはいわゆる黙示文学的要素が見られる。しかしそれは終末についての描写ではない。2章では「終わりの日」（2節）と出ている終末については「国々」（2節）、「多くの民」（3節）、「剣を打ち直して鋤とし」（4節）というごとく現実的にイメージされている。超自然的要素はない。エゼキエルになると召命にあたっても（1章）、終末描写においても（40、43各章）そういう要素が見られる。かくて歴史へ密着した情況から次第に超歴史的要素を加味した情況へと変化してきた経緯が感じられる。ただ新約でのように全宇宙的天変地異を伴うメシアの出現というところまでには至っていないのである。黙示文学はカリスマによる洞察に根があり、一方、預言は伝承に根があり両者は異質といわれる[6]。バビロン捕囚以後預言者は出エジプトの伝承などをさらに遡り創造にまで立ち帰る。こういう経過を経て神から受けた霊のカリスマというところへまで達するのであろう。伝承という間接的なものを経て後、霊というより直接的なものへ至ることはある意味で必然的な歩みともいいうるであろう。黙示文学は主が自然的世界も歴史という人間的世界も一体的に統括しているという信念の下、最後には神の義が支配することを信じているのである。ただダニエルは「終わりの時が来るまで、お前はこれらのことを秘め、この書を封じておきなさい。」（ダニエル12,4）といわれている。動揺を避けるためである。神に属す真実はいつの時代でも受容されにくいのであろう。罪のなせる業である。民に告げねばならぬが、告げてはならぬという矛盾した情況に置かれているのである。もっとも神による統括という信念は人の開放性をも反映している。他者なる存在へ向けて開かれているのである。ヤハウェ信仰の立場から見れば、自然にしてもそれ自体の法則によって動いているというギリシャ的考えとは異なっているであろう。自然というものは古代人にとっては、特に地中海東岸の地方の人にとっては苛烈である。自然に比し人は小さい存在である。そこでそういう自然を神が統括していると思うことは、人にとって神ははるかに大きい存在であることを意味したであろう。一方、現代人は歴史よりもむしろ自然について神が支配しているとは信じにくいのではあるまいか。歴史は純然たる人間的世界なのでむしろそのように信じ易いのではないのか。

(d) イザヤ

　預言と歴史的、具体的出来事（終末やメシア預言も含めて）との関連について時代によって区分しつつ考えたい。まず神の意志は神が立てた預言者を通して民に知らされる（申命記18,15）。民はそれに「聞き従わねばならない。」（同）といわれている。ここで「従う」といわれていることは重要である。ただ聞いただけでは無意味である。さらに申命記はイスラエルに先祖の出エジプト体験を思い起こさせヤハウェへの忠誠を説き忘恩のないように戒めている（8章）。戒めの遵守が先祖に誓われた土地を取ることの条件となっている。日本流にいうと喉元過ぎれば熱さを忘れるということになってはならないのである。古今東西を問わず人のもつ共通的弱点を指摘している。預言は主の語られた言葉として告げられる。そうであればこそ重みを持っている。神自身の具象化したものともいえる。イザヤ、エレミヤなどの預言者が出る前はモーセを通じて与えられた律法があった。そこで律法を大切にすることは神を大切にすることである。サムエルはサウルに「主の御言葉を退けたあなたは　王位から退けられる。」（サムエル記上15,23）という。いかに神の言葉の遵守が大事かが分かる。

　イザヤについて考えよう。イザヤは2章で表されているように終末の平和に関する独特のイメージを持っている。ここで彼は「終わりの日に　主の神殿の山は、山々の頭として堅く立ち　どの峰よりも高くそびえる。」（2節）という。高低を問題としていることは形あるものの形がそのまま残っていることを示唆している。外にあるものの堅牢さが消えていない。外形へのいわば囚われがここには感じられる。これが克服される必要があろう。この点については第二部第一章第二節 (a) を参照されたい。新約におけるキリストの啓示を待つ必要があるのかもしれない。神の子の受肉によって外形的なもの、世界の価値はその分低下させられるからである。この受肉が自然物、人格的存在のいずれについても物の形をも大きさをも消してしまったのである。3章では1節から5節にかけてエルサレムとユダから例えば裁きを行う者、尊敬される者などが取り去られ、気ままな者が国を治めるようになるという。こうして国の秩序が失われることが預言される。これでも分かるように律法というものは国の法的、政治的体制を維持させるものでもある。古代においては一般に宗教と政治とは切

り離せないのである。現代でのように政教分離ではない。次に7章14節で「おとめが身ごもって、男の子を産み　その名をインマヌエルと呼ぶ。」といわれている。このように神の言葉への信頼についてはこういうしるしが大切である。具体的出来事によってその真実性が顕わにされるのである。新約に「ユダヤ人はしるしを求め、ギリシャ人は知恵を探しますが」（第一コリント1,22）といわれているが、まさにそのとおりなのである。神の啓示は具体的出来事を伴って与えられる。人の単なる観念ではないことが分かるために、そういう事態が不可欠なのである。人の観念を具体的、現実的な目に見える出来事が突破するのである。そしてそういう突破は人の持つ考えを変えたり、一度廃して新たに作ったりするのである。

　イザヤ8章11節では「御手をもって」といわれている。比喩的な言い方ではあるが、これは神の手を意味している。神は絶対的なのだからその手もまたそうである。そういう手がイザヤを導いて民と同じ方向へいかないようにしている。手という具体的なイメージで描いている点も注目に値する。新約でも霊が舌としてイメージされている（使徒言行録2,3）。このように体の部分を使ってイメージすることによって人にとって一層身近に感じられることが分かる。10章12節では「アッシリアの王の驕った心の結ぶ実、高ぶる目の輝きを罰せられる。」と、また16節では「それゆえ、万軍の主なる神は　太った者の中に衰弱を送り」という。アッシリアの王は13節で「自分の手の力によってわたしは行った。」という。しかし15節に「のこぎりがそれを使う者に向かって　高ぶることができるだろうか。」という。アッシリアはのこぎりで、使う者とは神である。道具とその使用者とははっきり区別されている。前者は地に属し、地に存在しているものである。後者は神なので天に属す。前者が後者の考えから離れた行動を取るとき後者より罰が下される。神が歴史の主たることがいわれている。11章1節以下ではそのメシア預言に10節が付加され他の諸国と結合させられ、そういう形でパウロは受け取った（ローマ15,12）といわれる[7]。預言はこのように付加されることもあるのである。同じくイザヤ11章6から9節においてはいわば終末の日の情況が描かれている。狼と小羊というごとく自然の動物同士が、また乳飲み子と毒蛇というごとく動物と人とが平和に暮らすことが預言されている。子供については「小

さい子供」（6節）、「乳飲み子」（8節）、「幼子」（同）というごとくいくつかの年代について記している。これらの表象は創造されたままの状態を髣髴たらしめる。これは思うに可視的世界の堅牢さが消えた心境の反映であろう。神に属す世界として可視的世界とは異なった世界が描かれている。これには禅における「柳の緑、花の紅はそのままにして─」で表されるような体験とどこか似たモチーフがあるといえる。要は可視的世界から心が離れていることである。ただし神への信仰はどこが違うか。ここでは「大地は主を知る知識で満たされる。」といわれている（9節）。そういう点では出エジプトにおける葦の海での奇跡と類似のモチーフがある。現在にしろ未来にしろ現実がそのように変わることがいわれているからである。禅ではそういうことはいわない。先のような立場は元のあるがままの世界へ帰り行くだけである。9節でのように発言しているイザヤは本当にそうなると信じていたと思う。かくて両者は触れ合うところはありつつも行き着くところは結局異なるのである。12章について預言はその成就を保証する伝承の中へ統合され未来についての幻を古い神話と結合していると解されている[8]。イザヤはイスラエルの未来を出エジプトの奇跡的出来事と結合して成就を確かなものにしている。具体的な歴史上の出来事に依拠し信頼することが基本となっている。13章10節では「太陽は昇っても闇に閉ざされ」といわれる。人の生きる世界は神の支配する世界である。そこで神の義が危うくされると人は裁きをまねく。そのためには自然も動員される。自然も逆の意味で人に仕えていることとなる。自然自体の意味はないことが分かる。13章19節ではバビロンの破滅が預言されている。「国々の中で最も麗しく」あってもそうなるという。かくて人の力の虚しさが説かれている。人の思い測りは神のそれに比べれば無意味に近いのである。たとえ人の目には何かがそのときは実現しそうに見えても、絶対的な神の前ではすべて無きに等しいのである。絶対的な神へ絶対的に信頼しているのである。

　なお、現実の政治的な事象においてもそういう次元を超えた神への信頼が根底にあることが分かる。死を超えて創造する神への信頼である。イザヤ26章8節では「定められた道」といわれる。9節後半や21節における終末論的な裁きの表象によって安固たらしめられている。つまり終末論と共にではあるが、今は理解し切れずとも主に信頼していることは揺るがないのである。ということ

は今確実なのは自己の心の中に実現しているものだけである。義の絶対性は終末においては実現するが、それと同じことが今自分の心の中に実現しているのである。「定められた道」は義への固執を表している。定められたとはもとより主によって定められたということが第一であろう。しかしこれは単にそういうことには尽きない。自己が人としてそれに同意してアーメンと心の中で言うことが不可欠である。かくてこれは神が定めたと共に自己が人として定めたという意味もあるであろう。基本的にはそう考えられる。その"アーメン"という点に義の絶対性の現成という事態を見うる。今現在は 9 節後半、21 節でいわれていることとは反対のことが現実であるのである。裁きは地において行われておらず、それぞれの罪を問われておらず、流された血を顕わに示さず、殺された者を隠しているのである。にもかかわらず心の中に実現した義の絶対性を信頼しているのである。義というものが自己とは別の何かであればこういうことは不可能であろう。義への信頼と自己への信頼とは一であるほかないのである。もっともここでいう自己とは本来の自己であり、ただ単に"現実"の自己ではないのである。いわば究極の自己である。これは終末における自己へ通じているものであろう。そういう意味では終末は今既に来ているといえよう。

イザヤ28章23節以下では農夫の日常活動が神の摂理下で行われていることがいわれている。エルサレムで民を治める者が堕落しても農夫はかえって神の知恵を体しているのである。これはむしろ自然と共に生きることが神の定めた人の道になっていることを表すとも理解しうる。いわば東洋的な自然と一体の生き方の表明でもある。同時に神の知恵は自然の中に浸透していることを表している。人はその知恵ゆえにかえって神の道からはずれる危険を有しているのである。かくて自然に生きる農夫よりも民を治める指導者の方がより大きい危険と隣り合わせなのである。36章10節によるとアッシリアの王はヒゼキヤ王のいるエルサレムに大軍を派遣した。そして10節にあるように「わたしは今、主とかかわりなくこの地を滅ぼしに来たのだろうか。」といわせている。歴史は主によって進められているという心情が吐露されている。人はいわば神の意志のインストルメントになっているのである。さらに主の命令によって来たと表明している。神の絶対主権の前では人は小さい存在に過ぎないのである。このこ

とは人の神へ向けての開放性と関係するであろう。38章8節では日時計の影が十度戻ったといわれている。これはヒゼキヤ王の命が十五年延びることのしるしであったのである。十度戻ったというのはどう解すればよいのか。太陽自体が戻ったのではなくて日時計が戻ったと理解すればよいのか。それにしても奇跡的なことではある。現代人の目から見るとどう解するのかである。

　ここで捕囚から帰国してからのことに移ろう。「シオンは荒れ野となり、エルサレムは荒廃し」（64章9節）という。だからエルサレムに帰ってみても都の建設など夢のまた夢と人の目には映る。だが65章17から20節では神は新しい天地を創造すると告げる。ただ「百歳に達しない者は呪われた者とされる。」といわれる。かくて新しいとはいっても、いわゆる終末論的次元での話ではないであろう。この地上に、エルサレムに造られるとのことである。あくまでこの世界でのことである。救いが約束されているのである。66章8節では産みの苦しみがいわれ、13節では「エルサレムであなたたちは慰めを受ける。」といわれる。人には不可能と見えることも神に不可能はないのである。そういう神を信じることによってそういう人もまた人を超えた人になるのである。神への不動の信頼が支配しているのである。ヤハウェは奇跡ともいえる仕方で新しい国を建てられるのである。パウロのいう、見えないものを信じる信仰（第二コリント4,18）と軌を一にしている。神への絶対的信頼がほとばしり出ている。人自身への信頼はここには見出しえないであろう。二者択一的に神信頼が支配している。

　(e) エレミヤ、エゼキエル、ダニエルなど

　次に、エレミヤ10章10節では当然のことながら主は大地と諸国民との神とされている。自然も人もヤハウェの働き、救いに与かっているのである。両者にとって真理、命、永遠の神なのである。端からそう信じているのである。疑うという反省を経てそういう結論に達したというのではないであろう。現代人なら一度は疑うけれども。古代人は一般的にいって生命をも含めて神がすべてを支配している世界の中に誕生以来入って生きているのである。そういう世界から出ることなど考えられないのである。神が支配していない世界など予想さえつかない状況ではないかと思う。11章20節では「あなたが彼らに復讐されるのを。」という。

彼は神の報復を願っている。決して彼自身の報復をではない。預言者の背後には神が存している。かくて神の報復と預言者のそれとは結局同じものである。にもかかわらずあえて「あなた」といっているところに特徴が出ている。自己をあえて神から切り離しているのである。そうしてこそ神自身の心を知りうるからである。またそうであればこそ神は人にとって避け処となりうるのである。神自身の主体性をあえて問うているのである。25章では捕囚が預言されている。しかもこれは歴史上実現している。さらに他民族からの敗北を主の懲らしめと解するのはエレミヤに特徴的とされる（2,30;5,3;10,24;30,11;31,18など）[9]。苦しみをもいわば神の愛への信仰の立場から受け入れているのである。パウロもいうように「キリストとその復活の力とを知り、その苦しみにあずかって」（フィリピ3,10）ということである。つまり人の立場からの取捨選択は入れないのである。すべてを受け入れるのである。そしてそれを神の愛への信仰の立場から理解、解釈するのである。これは人ではなく神を第一義とすることを意味する。神をまず無条件的に受け入れているのである。懲らしめは人の罪に対応しているといえる。それがあることによって人は再び正しい道に復帰しうるのである。そういう意味でこれは神による導きといえる。こういう姿勢はまた「何よりもまず、神の国と神の義を求めなさい。」（マタイ6,33）という姿勢とも合致する。

　エレミヤは多くの民族について預言している。47章以下ではペリシテ、モアブ、アンモン、エドム、エラム、バビロンなどの戦争による破滅を預言しているが、そういう行為を行う政治的力については述べていないとされる[10]。事柄が大切なのである。どのようにしてという方法や手段は二の次である。歴史的出来事が大切な一方でこのように具体的方法には触れない。一見の矛盾が見られる。人の目からはしるしがそうであるように出来事が大事である。神の目はそういう次元ではなくてその奥に据えられているのである。それが外へ形をとって現れるのである。ヤハウェは自己が選んだ自己に属す民としてのイスラエルを裁くのはいうに及ばず、全地の神として多くの民族をこのように裁く。ヤハウェは一民族の神から世界の神となった。というより元来世界の神であったのだから、そういう事実が今顕わになったのである。隠されていたことが白日の下にさらされたのである。エレミヤはバビロンの王ネブカドレツァルを「わ

たしの僕」と呼ぶ（エレミヤ25,9）。イザヤではシオン伝承が規定的だが、エレミヤでは例えば 2 章 1 から13節にかけてのように政治的預言、裁きの威嚇が後退して出エジプト、契約、土地取得伝承が大切であるといわれる[11]。エレミヤではシナイ伝承とダビデ伝承とは相互に分離しているが、エゼキエルでは両者は融合しており、前者が重要である。37章24節でダビデの下でイスラエルは定めに服するといわれている。

　さらに、エゼキエルについて。主は預言者に「あなた」と呼びかける（4、5 各章）。4 章 4 節以下でイスラエルの家の罪を負うために三百九十日彼は左脇を下にして横たわることになる。たとえ彼がそういう行いをした場合でも、それは民の苦難の予告であり、それによって民の罪が現実に消えるわけではないであろう。しかし神がそう定めたことによって、その行いは民の罪を負うという意味を持つとも考えうるであろう。神の主権がここにも現れているのであろう。民族全体の来るべき苦難をいわば先取りして、預言者はその肉体において苦しまねばならないのである。4 章12節以下では人糞や牛糞でパンを焼くようにいわれている。こういう不浄な行為をするようにヤハウェは求めている。不浄でもそれが主の命であることによって決してそうではなくなるのである。ここにも主の主権が現われている。神の目から見てそれ自体で不浄なものは何一つないのである。かくて一般的にいえることはいかなる定めもそれ自体が尊いのではなく神の意志がその背後にあるから尊いのである。つまり神の意志が尊いのである。定め自体も被造物的世界の中での定めであるに過ぎないからである。神の意志がすべてなのである。5 章 1 から 4 節にかけて主は彼に髪の毛とひげをそるよう命じている。これは12節にあるように民の三分の一ずつがそれぞれ異なる苦難に遭う予告である。18章 1 から 4 節にかけて罪の結果はそれを犯した各人が引き受けると主張している。それまでの伝統的考え方（例えば出エジプト20,5）とは異なる。各人の命を尊重すれば当然そのようになるであろう。特に彼の独自性は初子をささげることを神は定めた（出エジプト13,2）が、それについて「良くない掟と、それによって生きることができない裁きを彼らに与えた。」と20章25節で述べている点である。これは26節にあるように民が初子をささげたのに対しての言葉である。異民族の人身供養に影響

されたことを嘆いているのである。36章25節以下において主が民に新しい心を与え、新しい霊を置いて清め、民が主の民になるといわれている。その結果、民は掟に従って歩むこととなる。ここでも主が主体である。神が積極的に働いている。

　エレミヤとエゼキエルは犯した罪の罰はその人だけが受けると主張している（エレミヤ31,29以下、エゼキエル18,2以下）。これはエリコを攻撃した際アカンがそこの銀が欲しくなり盗んで自己の天幕の下に埋めておいた事件に関連してのことである。アカンは一族もろとも石で打ち殺されている（ヨシュア7,25）。先祖が酸いぶどうを食べても子孫の歯が浮くことはないということである。現代で考えれば当たり前のことであるが、個人単位で罪の責任を考えている。両預言者の時代に比べればヨシュアの時期はヨルダン川西方の約束された土地へ入っていく時期であり、個人単位で罪を考える余裕はなかったといえる。個人はあくまで集団の中での個人であったといえる。民族という団体、共同体が大切であった。後になり定住的傾向が強まるにつれて、より個人に重点を置いて罪を考えることが可能となったのであろう。後の時代での判断がより普遍的といわざるをえない。ただアカンの石打ちは滅ぼし尽くすべきものを私物化したためのヤハウェからの懲らしめである。そういうものの私物化は伝染病のように伝わり、伝わった者を滅ぼすのである。ここには聖と俗との区別という信仰的信条が生きているといえる。

　ダニエルについて。黙示文学的な幻を見る者は預言者に比していえば、その宗教的地平は非歴史化され映しだされる情景の外に立ち、世界の出来事全体がフィルムのようにその精神に映るといわれる[12]。出来事全体といっても、終わりの時の情況は10章に書いているが、創造のときのことは書かれていない。歴史的事情の中で歴史を超えた真実として告白しているのである。2章44節以下で山から人手によらず切り出された石が鉄、青銅、銀、金などを打つという比喩によって、神によって興された一つの国が永遠に滅ぶことなく、すべての国を打ち滅ぼすことを告白する。また9章2節においてエレミヤに告げられた（25,11以下）ように、エルサレムの荒廃の終了までに七十年という。これらの点について石はイザヤ（28,16）、ゼカリヤ（4,7）での石の不連続の復帰であり、また七十年についてはダ

ニエルが七十年を七十週と変えているという⁽¹³⁾。同じ石というイメージが異なる預言者によって取り上げられているのである。不連続の連続である。折に触れて火花のように歴史の中へ預言者の口を通して出現するのである。歴史に関わってくるところの神の意志と同時に、具体的歴史的情況を超えた神の意志も垣間見られるのである。いずれにしても先の預言者が取り上げたことを後の時代になって再三取り上げている。神の意志の一貫性を知ることができる。点的に連続している。目に見える形では連続してはいないが、神の意志が時の中にありながら時を超えた預言の中に点的に適宜現れている。これによって人にはいわば隠されているが、神の中では連続している神の意志が歴史の中に出現しているのである。

(f) メシア預言など

まずメシア預言の前提から。イエスに関する預言に近いとされるイザヤ53章5節では「彼が打ち砕かれたのは　わたしたちの咎のためであった。」とある。神への賛美には尽きず他の人々のためという。こういう要素は詩編22編には見られないようである。22編は「わたしの神よ、わたしの神よ　なぜわたしをお見捨てになるのか。」で始まる。キリストの受難の時の言葉を髣髴たらしめるが、「わたし」の救いを願っているだけのように見受けられる。かくてメシアとは十人の正しい者の話（創世記18,16以下）にも萌芽的な形で現れているように、俗から分かたれた神の神聖なる性格に通じた資質の持ち主といえる。さらにこれに関連して興味深いことは、サウル王自身の指示で止めを刺したアマレク人がダビデの命令で打ち殺されている（サムエル記下1,5以下）ことである。理由は主が油注がれた者を刺し殺したからである。このアマレク人にとっては全く理不尽な話といわざるをえない。人間としてはたとえ理屈が通っていても、神の前では通用しないのである。ダビデはそのアマレク人に責めを帰している。かくて神が聖なる存在ということは分かり易いようで分かり難い。たとえ油注がれたとはいえ、元は普通の人間である。油注ぎによって聖性を付与され、当人を殺せば血の責めが殺す人に帰されるというのは理解しにくい。つまり元来は人であっても油注ぎという儀式によってもはや単に人ではなくて、神の側に取り入れられることになるのである。この地上に本来神にのみ属す聖性を備えたものが存在することとなっている。

これは神殿などの規定が細かく規定されていることとも呼応したことであろう。そうすることによって、そこに聖性が宿ると考ええたからであろう。聖なるものが現実的に存在することとなる。目に見える形で存在している。可視的形で存在するものが人には必要不可欠なのであろう。さもないと人にとって聖とは逆の俗の世界にあって聖に固執しようとするとき、文字通り取り付く島がないからである。そういう島が必要であろう。さもないと聖とは心の中だけのこととなってしまい、当人の心の揺れによって聖もまた揺らぐこととなろう。だが逆に考えてそういう可視的な聖なるものが存在することによって、心の揺れが収まるであろうか。そういう信仰自体が揺らぐこともあろう。自分の側に人間的要素が残っていると、そうなるであろう。残っていなければそういうことは生じないであろう。とすると聖なるものが可視的形で存在していることよりも、人の側に人間的要素の残っていないことの方が大切となる。残っている限り、可視的聖をそういうものとして信じることができないからである。しかし真に残っていない場合、可視的に聖なるものが神信仰のために必要といえるのか。可視的なものはあってもよいがなくてもよいということとなろう。しかし全くないということになると、超越的な存在を信じること自体不可能となろう。そこで啓示が存しているのである。

　ホセアは5章でイスラエルへの審判を告げる。だがアッシリアのことを13節で一言述べているのみで、具体的にどういう仕方で審判が生起するかは告げない。この点は世界の創造について創世記が基本的にはその意味を語っていて、方法を語っているのではないことと呼応している。こういう点は11章10節以下での終末描写でも見られ、どのようにということより、そのことがあるということが重要で、それが「と主は言われる」で確認されているといわれる[14]。11節ではエジプトとかアッシリアが小鳥や鳩の比喩と共に述べられてはいるが、ただ「地から」となっているので国のことではないであろう。かくて不明瞭である。具体的な方法については多様でありうるからであろう。可視的情況には心が囚われていないことを表している。これは即ち奇跡の生じる可能性とか、創造の具体的経過について不問に付しうることを暗示している。このことはまた利害打算を超えて神を信じていることとも一である。

　アモス1章4節について人間的、政治的関連が本質的なのではなく、神的

第1章　神から人への啓示　*127*

意味の関連と神の行為が歴史理解の中心であるといわれている(15)。世俗の世界を見るときにも背後にある神の意志、行為に目は注がれているのである。念頭にあるのはいつも神の裁きと恵みである。表面的、外面的なことに目を障えられてはならないのである。世俗の世界での好都合な事柄にしろ、不都合な事柄にしろ。義なる神、義という神と現実の情況との関わりから預言者の言葉はほとばしり出ていると思う。というより神から情況へ向かって言葉が発せられていると思う。前者がすべてである。ありとあらゆるものを含めても後者はどこまでも究極のものではなく、「天が煙のように消え、地が衣のように朽ち」(イザヤ51,6)といわれているごとくである。後者に対してはどこまでも自由な立場に立って発せられていると思う。そういう霊的自由が預言者の言葉として具象化されていると思う。かくてすぐ目の前に迫っている出来事を預言しているというより、永遠の相の下でのこととして語っているともいえる。そういう相の下では必ずこうなるという神の意志の告知なのである。そういう相の下では時の長短は克服されている。近い将来であろうと、遠い将来であろうと有意差はないのである。可視的世界から心は離れており、そういう次元から可視的世界へ語りかけているのである。8章8節以下について大略次のようにいわれている(16)。神が主でその意志と秩序とは自然、歴史の全領域に及ぶという視点の下では、人の隠れた思考、行動もその直接的地平を超えて意味と責任とを負う。そしてまた各預言者が種々の終末の様相を描いている事実は、終末の起こる仕方ではなく、到来するという事実自体が重要であり、あらゆる力に命じて神は裁きを執行することを表す。以上である。すべてを摂理している神が存しているる。そこで百億光年先の天体の情況が地球上の事柄と連動していることともなる。逆に我々人間の行為の一つ一つがはるか遠くの天体の情況と連動していることをも意味している。一人の人間のある行為が四次元的に、否、多次元的に他の人の他の行為を呼び起こし、次にさらにその行為が次を呼ぶ。こうして波状的に影響していく。丁度水面に投げた石が波を周囲に広げていくように。そしてこれは宇宙の果てまで届いていくのである。こういう事態は人間の思惑を超えたことである。神がそのことの主催者であるからである。

　最後に預言ということの規定は聖書の中で曖昧で、イザヤ、エレミヤ、エゼ

キエル、ホセア、アモス、ミカなどは後の時代の編集の過程に帰せられるので、その解釈において不確かさと曖昧さの方へ進むよう促すといわれる[17]。例えば「主の民すべてが預言者になればよいと切望しているのだ。」(民数記11,29)、「預言者が勝手に語ったのであるから、恐れることはない。」(申命記18,22) などといわれている。預言とはいってもそれが発せられた時には真実か否か分からないのである。曖昧さがある。確かであればだれでも信じるであろう。曖昧さがあっても信じてはじめて自己が啓示に対して開かれていることとなろう。ただ偽預言者も混じっている可能性がある。そこで信じる側に真の信仰が求められることとなる。そういう意味では偽預言者も人々の信仰の促進に役立っているといえる。偽との対比において真のものが光を放つからである。真実の啓示にまで至りえてはじめて人の心は開かれたといえる。偽預言者のところに至ったのでは開かれることと閉じることとが一つになっているといえる。その限り開かれてはいないのである。この場合は自己の側での真実に囚われているので、真の啓示のところまで心が届かないのである。届かない原因は自己の側にあるといえる。このことは新約において教会の中に雑草が生えてくるという話とも呼応している。また曖昧なものへ関わるということは人の側での主体性が要求されることでもある。もし自分が関わったものが偽物であったら、神の偽物となるので大変なこととなる。一種の偶像崇拝となってしまうのである。真の啓示に至りつくまでは主体性は確立しえないのである。なぜなら偽物は人が全幅の信頼を置きうるようなものではないからである。本物なしには主体性の確立はないのである。偽物と本物との間で人の心が揺さぶられて、最終的に後者のところへ至るのである。人が短絡的に、性急に結論を出さず、それまで耐えることが大切である。それにしてもイエスの場合を見ても、ユダヤの大衆は十字架につけよと叫んだのである。多くの人が本物に至ることの難しさが分かるのである。

第2節　神の命の徹底性、儀式などの周辺的事項

(a) 神と人との行為の一体性

　神との関わりにおいては無垢、清さと慈しみが大切である（詩編18,26以下）。前者は義、後者は愛と言い換えることもできよう。両者は別のことでもないであろう。例えば「無垢な人には無垢に」という。人が無垢であることがまずいわれている。神はもともと無垢である。だからそういう神に対して無垢でないことは自ずから神に反することである。だから「背を向けられる。」こととなるのは自然なことである。清さを最優先してはじめて神の許に至りうるのである。清さという神の特性を通して神の許に至ろうとする場合、清さを最優先しなくてはならない。神は第二位に居ることに甘んじ給わないのである。そういう仕方で神を尋ね求めねばならない。「あなたを尋ね求める人は見捨てられることがない。」（詩編9,11）という。大変な確信が表明されている。これも当人が既に実存的な終末に至っていることの現れであろう。この世界の現実の範囲内を見ていて、そういう次元に固執していると、こうはいえないであろう。だからこそヨブ記の問題が生じるのである。神は人にその観念を与えるのではなくて、歴史の中での行動によってその存在を顕わにする。ヤハウェはエジプトからイスラエルを契約を結んで救い出した。「あなたに依り頼んで、裏切られたことはない。」（詩編22,6）と告白されている。大変な確信である。裏切られないためには先のように無垢たることが要求される。そうでない場合には人の方が先に神を裏切っているのである。民族としても個人としても出エジプトは旧約的信仰の原点であろう。神がエジプトで奴隷状態にあるイスラエルを自己の啓示のためのインストルメントの民として選んだことは、存在の危機にある民こそそういう目的に相応しいからであろう。存在として見たとき余裕のある民は、啓示を受け入れる民としては必ずしも相応しくないからであろう。啓示受容のためにはまず自己の存在の虚無性を認識しなくてはならない。そこでそういう努力をすることとなるが、そういう人の手による手続きは余裕あってこそのことである。存在の危機にある場合はそういう手続きは一切不要である。既にそう

なっているからである。

　神と人との行為の一致は人が神の方へ一致させて実現するのである。主の軍の将軍はヨシュアに履物を脱げという（ヨシュア5,15）。これについてこれから起こることが聖所の空間の中での出来事として明示されるといわれる[18]。靴を脱ぐのは単にそれだけのことではない。象徴的な意味があるのである。エリコ征服という歴史的出来事が聖なる領域で行われることを暗示しているのである。聖戦という意味があるのである。主が主導している。かくて聖なのである。イザヤにおいて民への言及は開いた音節で終わる動詞を使い（例えば8,12で תַּעֲרִיצוּ ）、一方、神への言及は閉じた音節で終わる（例えば8,13で מַעֲרִצְכֶם ）、こういう語法の相違が神と民との区分に対応しているといわれる[19]。神と人への対応の相違がこういう点にも反映しているのであろう。人の行いは繰り返し的に続くが神の行いは決定的になされるという事実を示唆している。神が事前に決定している道を人は歩むことを反映している。神が主で人は従である。イザヤは10章9節での地名リストを見ても分かるが、歴史的再構成というより神話的、非歴史的記述を採用しており、アッシリアの罰を描く16から18節での用語は詩的、黙示文学的であり、一方イスラエルに対しては過去の救いの出来事に信頼せよと説くといわれる[20]。要は歴史的事実にこだわっていないことがいわれている。預言者の立っている地平が地に密着していないのである。いわば浮いているのである。世の事情からは自由ということの一端が現れている。主の神殿の山が他の山より高いといっている（2,2）が、事実との同異は問題外で、地への非密着を表していると解すべきである。アッシリアについては現実的、政治的議論をしているのではない。そういう次元から彼の心は離れているのである。心が地から浮いているのに応じて考えもまた地に密着していないのである。やはり宗教的世界は地にべったりではないのである。確かに地上での出来事との関連で語られているのは事実だが、預言者の心は地上にありながら地上にはないのである。10章26節ではエジプトでの民族の救いに触れている。これを引き合いに出して主に信頼せよと迫る。目の前の現実より過去の救いへ重点を置いている。これは可視的世界からの自由の表れといえよう。これも地から離れていることが前提であろう。神への畏れとアッシリアなどの人への恐れとは二律背反なのである。後者を恐れることは前者を畏れ

ないことである。神への信仰はどこまでも地を離れ天を飛翔していることである。アッシリアが単に政治的観点から見られているのではないことと平行して、エジプトでの救いも主による救いとして宗教的、信仰的観点から見られているのは当然のことであろう。ホセアでは「わたしは彼女をいざなって　荒れ野に導き、その心に語りかけよう。」(2,16) といわれる。これについて新しい救いの出来事が予型論的に古い出来事の中に予め形成されているといわれる[21]。イスラエルの救いは原点回帰に立って発想されているのである。ただその前にバアル像への礼拝は神によってできなくされる (2,4以下)。ここでも神が主導し人はついて行くのである。

　ところで、人が神を直接に、かつ全面的に知りえないことはいうに及ばず、啓示による間接的仕方でも歴史の中へ啓示された範囲で知りうるのみである。神の側からの人間の歴史への参与、干渉が啓示されているのである。士師記3章12節以下を見てみよう。これについて人の計画の成功は神の意志によって前もって整えられており、最初の場面で王が従臣たちを去らせなかったり、第二の場面で王が椅子から立ち上がらなかったりしたら、エフドは殺害計画を凍結したであろうといわれる[22]。エフドがモアブの王を殺したことについての話である。彼が城、宮殿の守備、王の習慣などについて知っていたか否か述べていない。かくてこういう書き方の背後には人の成功の裏には神の意志ありという主への信頼が存していると考えうるのである。このように考えてくると予定論的色彩が強くなるであろう。神が主で人は従なので自然なことでもあろうが、人は歴史の中で二次的意味しか持っていないこととなろう。基本的には神により歴史は決定されているのであろう。マタイ23章13節に関連する形で神はラビによる法廷の決断に従うといわれる[23]。神は人の決断を尊重するのである。もっとも人とはいってもラビである。イエスもペテロに「あなたが地上でつなぐことは、天上でもつながれる。」(マタイ16,19) という。ただ23章3節にあるように学者達は言うだけで実行しないので問題なのである。このようにラビとかペテロのような神に関係して特別な立場にある人については、少なくとも人の側からも神へ近づくことが許されていることが分かる。

(b) 神の命の徹底性

ノアは洪水から救われた。その際神は人が心に思うことは幼いときから悪いので、生き物をことごとく打つことは二度とすまいと御心に言われている（創世記8,21）。神は人を究極的には許容しているのである。このことは人の神への信頼の根拠になりうる。そこで人は神に対して自己を開きうるのである。開放性へ通じている。見方によっては神は自己の聖である性質を犠牲にして人を維持しているともいえる。大変高価な買い物である。だから新約において「神はこのような無知な時代を、大目に見てくださいましたが」（使徒言行録17,30）という告白が生まれるのであろう。洪水後神はノア本人のみならず地のすべての獣と契約を立てる（創世記9,10）。契約などを理解する能力のない獣まで考慮されている。人間だけであれば相互的ともいえる。しかし獣までとなると話が違ってくる。神の側からの一方的宣言なのである。神の意志の徹底性が分かるのである。かくてこの契約が一旦立てられたら、二度と洪水によって肉なるものがことごとく滅ぼされることはない（11節）のである。少なくとも洪水ではそういうことはなくなるのである。だから人はそういう神の宣言へ帰り行くことができるのである。出エジプト19章12節では「その境界に触れぬよう注意せよ。」といわれている。大変に厳しい。境界までが神に属す領域である。「山に触れる者は必ず死刑に処せられる。」のであるから。さらにそういう人に手を触れるなといわれている（13節）。触れると汚れが伝染するのであろう。さらに32章25節以下ではモーセはレビの子らに自分の兄弟、友、隣人を殺せと命じ、それは実行されている。主につく者はその証として子、兄弟に逆らうことが求められている。なぜなら彼らは金の子牛を造ったからである。イエスが「わたしは敵対させるために来たからである。人をその父に、娘を母に、嫁をしゅうとめに。」（マタイ10,35）といっているが、ここでも同じ趣旨のことがいわれている。神を信じるか否かは肉親の間をも引き裂くほどのものであるのである。相対的なものを信じるときは信じるか信じないかでこれほどの亀裂は生じないであろう。だが神は絶対的なのでそれを信じるか否かはここまでの事態を生むことが場合によっては不可避なのである。ここに不寛容という問題が生じてくるであろう。

申命記13章6節では「その預言者や夢占いをする者は処刑されねばならない。」という。要は民を惑わす者は殺されねばならないのである。人格と罪とは一体である。切り離せないのである。しるしや奇跡を示して他の神々に仕えようと言う人たちである。彼らは心身一体となって誤った方向へ民を導こうとしているからである。つまりサタンの代理人なのである。パウロのようにからだが心とは矛盾した方へ人を行かせている場合は別であろうが。罪に対してきわめて厳しいことが知られる。だからこそキリストの贖いが不可欠となるのである。7節以下ではあなたに他の神々に仕えようと誘う者についてはあなたがまず最初に手を下し、次に民が皆それに続くといわれている。誘う者の中には兄弟、息子など肉親も入っている。相手が肉親ならなおさらまず最初にその人がというわけである。また「皆」といわれている。民全員が殺すことに加わらねばならないのである。例外は認められないのである。これらの点にも神の意志の徹底性が見られる。19章18節では偽証人のことが出ている。偽証が明らかになったら命には命、目には目、歯には歯を報いねばならぬとされている（21節）。これが文字通り実行されたか否かは別として、こうして悪を取り除けとされている（19節）。偽証は神の前ですることであるからその罪は格段に重いのである。日本で殺人に絡んで偽証をしても、場合にもよるが、その人が死刑に処せられるということはないのではあるまいか。その点背後に神が存することによって、人のすべての行いは究極的には神に対して行われるものなのである。かくてもしそれが偽となれば神を無視することである。その結果死を招いて当然となる。21章1節以下では殺された者が野で発見され犯人不明のとき、牝牛の首を折って長老達が牝牛の上で手を洗い、イスラエルの中で流された血の責めを負わせないでくださいと言えといわれている。人の血が流されたら何らかの形で必ず贖わねばならないのである。疑わしきは罰せずというような曖昧なことは神の前では許されないのである。神の存在によって人の次元だけでは済ましえない事態が発生しているのである。放置は出来ない。なぜなら罪を放置することになるからである。罪を除くことが重視されている。8節ではイスラエルの罪を贖うように主に願っている。贖い主は本来ヤハウェたることが表明されている。罪を贖いうるのは神のみである。罪ある存在には人であれ、他の

何であれそういう権能はないのである。

　ヨシュア 7 章10から26節にかけてアカンの罪について血縁者は石打ちで殺され、その所有物である牛、羊まで火で焼かれている。これについて同じ住居にいる以上聖絶されるべき品物に感染したと見なされて処刑されたといわれる(24)。しかし感染した領域、聖なる領域という二つの領域を分けうるのであろうか。感染するということはアカンの窃盗行為への同調という道徳的行為をも含むと考えるべきである。しかるに一族の中にその窃盗のことを知っていたら反対したであろう人もいたであろうと思われる。そういう人でさえも一族郎党ということで感染したと見なされるのであろう。本人の意志を超えたことであろう。ここでも神のことが第一であることが分かる。異民族を聖絶したことと呼応はしているであろう。こういう考えであれば仮にアダムの罪が全人類に及ぶと考えたとしても何ら矛盾しないであろう。士師記21章10節ではベニヤミン族のことに関してヤベシュの住民を女、子供に至るまで剣にかけよといわれている。これもイスラエルの中の悪を除くためである。

　エレミヤは「あなたの御言葉が見いだされたとき　わたしはそれをむさぼり食べました。」（15,16）という。"言葉を食べる"という表現が興味深い。「人はパンだけで生きるものではない」（ルカ4,4）と呼応している。食べてからだに入って血となり肉となるのである。ただ単に頭で知的に理解しているのみでは、単なる知識に留まっていて当人が生きるのに役立たない。日本でも生きる糧という言葉があるのと同じである。彼らは元来現実的に考えているので、そういう方向へ考えることがより徹底しているのであろう。食べない限り自己の外に留まったままなのである。そこで「あなたの御言葉は、わたしのものとなり」（エレミヤ15,16）とはいえないのである。口から食べた食物が咀嚼されて胃へ入り、消化され腸から養分が吸収されて、人の活力源となるようなものである。こうして身体全体が、頭もからだも、ある一つの方向へ向かって動きうるのである。食べられたものは消化吸収されてその形はなくなる。それと同様に自己の外に留まって特定の形を持ったままで、これが神の言葉だとして対象的に認識しえている間は、まだ当人のものになり切っていないのである。なり切っていれば自己の外に対象的にこれこれのものとして認識するということはないの

である。自己のものになり切っていれば当然そうであろう。「わたしの心は喜び躍りました。」(同) という。これは自己の心と神の言葉との一たることの発露といえよう。何を喜ぶのかその対象については書かれていない。神の言葉は今や自己のものとなり、否さらには自己となっているのである。かくて喜ぶ主体は神の言葉といってもよい。強いていえば神の言葉が神の言葉を喜んでいるともいえる情況である。神の言葉の一人舞台である。独壇場である。ここには神の言葉以外のものは一切存してはいないのである。他のものはすべて消えているのである。このことは神が例えばアブラハムの神であるというときこの二格が対格的二格であることと軌を一にしている。

エゼキエルではエレミヤでは比喩的にいわれていることが現実となっている。「『人の子よ、わたしが与えるこの巻物を胃袋に入れ、腹を満たせ。』わたしがそれを食べると、それは蜜のように口に甘かった。」(3,3) という。巻物の内容は2章10節で分かるように哀歌、呻き、嘆きの言葉なので口に苦い筈である。それが甘かったという。エレミヤの場合のように喜び躍るというのではないが、彼の心と哀歌という神の言葉との一を反映している。イスラエルの現状に哀れみを感じている彼の心とぴたり一致したのであろう。通常の意味で甘い、辛い、苦いというのではない。一致したので甘いのである。地上的な通常の甘辛基準による判断ではない。いわば霊的判断によって甘いのである。肉的判断ではさぞ辛いことであろう。心がどこにあるかによって判断は正反対になることが分かる。甘いものは辛く、苦くなり、反対に辛く、苦いものが甘くなるのである。当人の心が既に肉から解放され霊の域へと移されていることが反映しているといえる。霊肉によって甘辛が逆転することは次のような点にも出ている。「老人も若者も、おとめも子供も人妻も殺して、滅ぼし尽くさなければならない。しかし、あの印のある者に近づいてはならない。」(9,6) という。この印とは忌まわしいことを嘆く者の額にあるものである (4節)。嘆く者は霊にあるといえる。そこでそういう人は滅びから除外されるのである。神による裁きの激しさが偲ばれる。子供に何の罪があるというのだといって哀れみをかけてはならないのである。こういうことは通常の人間の感覚ではできない。それをあえて実行するのは当人が人の地平を離れたところにあるからといえる。逆転という事

態が不可欠といえる。亜麻布をまとった一人（2節）を人と考えるべきではないのかもしれない。いずれにしろ心の在り処が人の地平を離れていることが知られる。4章12から15節にかけて彼が人糞、牛糞でパンを焼くというのと同じで神の意志が前面に出ているといえる。さらに神の裁きは容赦しない。11章1節でのベナヤとペラトヤという名について、"ヤハウェが築き上げる（Benaiah）"の子、"ヤハウェが救う（Pelatiah）"という意味合いを持つといわれる[25]。だからそういう名を持つ人さえ救われないのだから、誰が救われるだろうかということである。13節にあるようにペラトヤは死んでいるのである。名前に深い意義があるのである。

　ホセアは「淫行による子らを受け入れよ。」（1,2）という主の言葉に従う。すでに淫行した女性とその子を受け入れたのである。このことはイスラエルの民がヤハウェに背いているという事実に呼応している。人の世界の常識とは相反することを主の命というただそれだけのゆえに受け入れたのである。神の命であればその内容如何に関わらず受け入れるのである。主に背いたイスラエルの受容と淫行の妻の受容とどちらが難しいであろうか。一人の男性としては後者であろう。預言者としては前者であろう。しかし一人の人としては双方である。彼は一人の男性としてと同時に預言者でもある。主を真に信じていればどちらの受容も同じことであろう。そこで主は後者のことを彼に求められたのであろう。だが後者のことは人倫に相反することは自明であろうと思われる。例えばイエスは「離縁された女を妻にする者も姦通の罪を犯すことになる。」（ルカ16,18）という。これでも分かるとおりである。かくて主は例外的に彼にこういうことを求められたのである。要は主は彼に常識を超えたことを求めておられるのである。淫行という非倫理的行為の介在はイスラエルのヤハウェに対しての不信実という罪を示しているのである。

　アモス4章4節以下によるとかたくななイスラエルに対して神は種々の災いを送り警告したが民は主に帰らなかった（4,6〜11）。そこで主に出会う備えをせよといわれている（4,12）。滅ぼし尽くしてはいない。これによると罪に対して厳しい先ほどのエレミヤ、エゼキエル、ホセアなどでの主とは異なる印象を受ける。具体的にどのような備えかはいわれてはいない。人の倫理的、合理

的判断に合うようなことをしていては人は人間中心的、人間的判断から離脱して神的世界へ高まりえないのである。そこで神が人を自己へ向かわせる、つまり回心させるには人の合理的判断を超えることをさせることが不可避なのである。ここに神の行為の人の目から見ての一種の非ないし超合理性の積極的意味があるといえよう。神は人による理性的観念、概念の枠にはまり給わないのである。そういう処理もまた人の人間中心的活動の内に入るであろう。だが5章には主がうたう悲しみの歌とわたしを求めて生きよという趣旨のことがいわれている。やはり神は自己の義と愛とを貫かれることが分かる。人はそういう点を感じ取る感覚、感受性を備えなくてはならないのである。それには人の側に自然に備わっている一見の合理的判断を捨てねばならないであろう。というのも人はすべてを知り尽くしえないので今現在生きている人間にとっては究極的意味での「合理的判断」は不可能であるからである。こういう情況と平行して罪という点についても、例えば人は理性的生きものであるという具合に観念的原則を先に立てて考えるのではない。モーセに与えられた律法を考えてみてもきわめて具体的である。現実の生活の中で考えられている。したがって民の情況が変われば規定の内容もそれにつれて変化を蒙るであろう。出エジプトの過程と定住後とでは情況が異なるであろう。いずれの場合でも主の民としてのあるべき姿と矛盾することが拒絶されるのである。主はそういう点を罰したり、赦したりしながら導くのである。こういう情況は人の目から見ると何か不統一であるという印象が残るであろう。だがそういう表面の奥には人には今は分からない一切を視野に収めた神の意志が働いているのである。

(c) 儀式、神の箱など

　儀式、祭儀、神の箱、聖所などについて内容によって分類して考えたい。まず儀式（祭儀）から。出エジプトの最中では神殿などは築けない。そこで天幕の前で祭儀を行ったのはきわめて自然なことといえる。ほかに方法はなかったであろう。そして神の意向を伺うのである。定住すると聖所が設けられることになる。ここはいわば神の住まうところとして特別の意味を持つ場所である。聖なる領域である。出エジプト以来の主のイスラエルへの硬軟両様の態度を包

むものとしての神の臨在を具現した場所である。こういう場があってはじめて神が第一という命題が真実となる。これがあってこそ人のための神か、神のための人かがより明確となろう。第三イザヤは捕囚後のエルサレムの儀式的社会で天地がヤハウェの王座、神殿であり、儀礼的行為を迷信と同一視し神殿、儀式、聖職などを否認するが、それは儀式はヤハウェへの接近手段としては事効的（ex opere operato 的）妥当性は持たないという意味だと解すべきだといわれる[26]。つまり余りにも儀式に対して批判的になり過ぎてはならないのである。過ぎたるは及ばざるがごとしである。もっともこういう否認は神との関係の直接性の尊重と関連しているのであろう。こういう観点から見ると、エレミヤの時代までは神による指示へと戻りうる祭祀、祭祀の規定は存在せず、あらゆる祭祀は役に立たぬ人の業であったといわれる[27]。アモス 5 章 5 節ではベテル、ギルガル、ベエル・シェバなどの祭儀的なことを行う場所が否認されている。4 節では「わたしを求めよ、そして生きよ。」と呼びかけられている。だから祭儀的仕方でなく求めよということになる。あるいは正しい祭儀が追求されるべきだという意味となる。祭儀を生かすも殺すも人の側の信仰が真実か否かである。預言者はその点を衝いているのである。信仰、宗教、祭儀などが無意識の内にそれ自体として目的となったり、あるいは何かのための手段となったりすると、それは一種の世俗主義へと転落しているのである。律法への対応の仕方次第ではこういう情況へ陥る危険があるのである。自己崇拝への転落であろう。ただ当時としては預言者でさえも儀式的システムから除外されるべきではなく、個人は純粋に個人的な経験について考ええなかったといわれる[28]。個人が儀式から離れて神を信じるということはなかったのであろう。現代とは異なる。当時は、特にあの地方では個人が民族を離れて生きることはまず不可能であったからであろう。ただイスラエル、またその中の個人の神に向かっての開放性とは矛盾した事態とはいえよう。

　主の箱について「主の契約の箱はこの三日の道のりを彼らの先頭に進み、彼らの休む場所を探した。」（民数記 10,33）という。神があたかもその箱の中にいるかのように持ち運ばれたということである。だが先頭にあったということも興味深い。人が神の指揮下にあったことを意味する。その箱が民の中に存する

限り神が臨在しているのである。神が抽象的、概念的ではないのである。どこまでも現実的、具体的なのである。箱が運ばれて留まる時には「主よ、帰って来てください」(10,36)と主に呼びかけている。かくて箱の留まる所に神は臨在するのである。ある特定の場所にではない。神を身近に感じることはこういう形で実現していたのである。しかし偶像を崇拝する形でのそういうことは禁じられていた。前者の場合それ自体が神ではない。後者ではそれ自体が神である。創造者を被造物を使って現すのは本末転倒となる。したがって神崇拝の両様式の間に矛盾を感じる必要はなかったのであろう。ただこういう事態について西洋の哲学ではないので理論的な反省はしてはいない。またそういう必要も感じなかったのであろう。人による論理的完結性は捨てられているのである。丁度パウロが原罪についてアダムと各人との双方を挙げている（ローマ5,12）のと呼応している。人の開放性と直結しているといえる。

　安息日（出エジプト20,11）は霊的新生の日、祝福された日であり、種入れぬパンの祭り、ペンテコステ、幕屋祭など三つの収穫祭、贖いの日と密接に結合した新年祭、これらはすべて聖なる集会であるといわれる[29]。カナン人の収穫祭や新年祭とは大いに性格が異なるのである。祭りそのものが聖なるものである。かくて安息日に救いの行為を行うことはその本来の趣旨に沿ったこととなる。だからイエスは安息日に汚れた霊に取りつかれた男を癒している（マルコ1,21以下）。また「安息日に善いことをするのは許されている。」（マタイ12,12）という。安息日の性格は旧約から一貫しているといえる。そこでこういうこととなるのであろう。神による祝福を実感すること、実感させることがイエスにとっては大切であったのであろう。ファリサイ派の人々は出て行ったとある（14節）。これは彼らとしてもイエスの発言に反対しえなかったことを暗示している。

　神との契約に当たってモーセは祭壇と民とに半分ずつ血を振りかけている（出エジプト24,6〜8）。契約の結び方が非常に現実的、具体的である。さらに神殿は犠牲をささげる場所であった。イエス当時においても彼自身は別として神殿を純粋な祈りの場所として受け取ることはできなかったであろうといわれる[30]。神により近づくために祈りと犠牲をささげに聖所を訪ねるとき、例えば「主よ、わたしは御顔を尋ね求めます。」（詩編27,8）とあるように「顔」のことが言及される。

神を直接見る者は死ぬといわれている情況の中での話である。「そのときには、顔と顔とを合わせて見ることになる。」（第一コリント13,12）とパウロもいっているとおり、顔は直接性の代名詞のようなものである。だから顔を求めるとは神との直接的関わりを求めることを意味する。きわめて具体的にイメージされている。求めるということは神がすでに身近に臨在していると感じているからである。さもなければそういう探求をする心は生まれないであろう。その前に「主の幕屋でいけにえをささげ」（詩編27,6）といわれている。かくてささげた後での話である。「父母はわたしを見捨てようとも」（10節）とまでいわれている。主への信頼は父母以上である。肉の父母より霊の父である主への信頼である。たとえ肉親でも世俗のことで衝突すれば分裂する。それに引き換え霊の世界では世俗のことでの分裂は無縁であるからである。顔ということでは「主は正しくいまし、恵みの業を愛し　御顔を心のまっすぐな人に向けてくださる。」（詩編11,7）といわれている。主の正しさと人の心のまっすぐさとが対応している。前者が後者に映されているのである。「主は聖なる宮にいます。」（4節）とあるので、何らかの祭儀、儀式のため神殿のところに来ていることを伺わせる。だがしかしただ祭儀に与かったからといって主が顔を向けてくださるわけではないであろう。やはり今と終末との双方に同時的に立つという内的信仰が不可欠であろう。また内と外との一体が必要であろう。主の前で行う食事について主がその名を置く場所が遠い場合は収穫物を銀に換えて、銀をその場所に持参し必要物を買いそれを使って主の前で家族と共に食べよといわれている（申命記14,24～26）。合理化がなされていることが分かる。これは現代人の立場からもよく理解できる。それに対して4から20節に出ている食べられるものと食べられないものとの区別に、どういう合理性があるのかは分からない。つまり一方で合理的でありつつ、他方で合理性に欠けるように思われるのである。おそらく現代の我々には分からない何らかの合理的理由があったのではないかと思われるのである。しかしこういう点についてはここには書かれていない。

契約の箱との間には約二千アンマの距離をとるようにいわれている（ヨシュア3,4）。サムエル記下6章6節以下、歴代誌上13章9節以下などによると牛がよろめいたためにウザは神の箱に手を伸ばした。そのために神はその彼を打ち彼は死

んだのである。触ることさえ許されないのである。ウザはレビ人とは出ていない。それゆえであろうか。聖別されていない者が神の箱に触ったからであろうか。理不尽のようにも思われるのである。神の聖たることはこういう人の理解を超えた一面を持っているということであろうか。だからダビデも怒ったと出ている（サムエル記下6,8）。人としては当然だろうと思う。ここでは人としては当然だろうと思われる理性的判断さえ神の前では捨てることが要求されている。人としてはそこにこだわらざるをえないところではあるが、それをあえて捨てねばならないのである。パウロが回心前律法精進を貫徹すべきと考え、それを実行していたが、それを捨てることを余儀なくされ、ついに至るべきところへ至ったのと同じ消息である。当然こうでなくてはならぬというところへ人の自我は結集している。だからこそ事柄によってはそれを人は捨てねばならないのである。その点が欠けていると、真の他へと目も心も向かないのである。ヨシュア3章13節以下によると上流からの水が壁のように立ったという。その結果、民はエリコへ向けてヨルダン川を渡ったという。出エジプトにおいて葦の海を渡った時の記事とよく似ている。箱を担ぐ祭司達の足が水際に浸ると川の水が壁のように立ったという。箱を中心として描かれている。こういう箱中心的描写は神中心的なエリコへの渡河を示す。聖戦という性格を見うる。人は従で神が主である。生活全体でそうであるように戦いでもそうである。カナンへ進攻、定住した後最終的にはソロモン神殿に収められたのであろうが、おそらくバビロン捕囚の頃に失われた主の契約の箱についてエレミヤは「心に浮かべることも、思い起こすこともない。求めることも、作ることももはやない。」（エレミヤ3,16）という。

　出エジプト30章31節以下で23節以下でその作成を指示された幕屋などに注ぐ油について、それと同じ物を作ったり一般人のからだに注いではならないといわれている。幕屋などを聖別するためにのみそういう仕様の油は使われるのである。聖別とは文字通り聖―別なのである。聖なるものとして分けることを意味している。幕屋などが聖というのみではなくて、それらを聖別するために使った油の仕様も聖なるものということとなる。油それ自体が聖なのではなくて、神が定めた仕様で作った油だから聖なのである。かくて聖なのは油ではなくて、その仕様であり、さらに遡及すれば神ということとなろう。レビ記21章

16節以下によると身体障害者は祭司にはなれない。そういう人が祭壇に近づくとヤハウェの聖所を汚すことになるからだという。子羊を燔祭でささげる時も傷のない子羊ということをいう。これと同じことであろう。

　天幕と箱については前者には顕現の神学、後者には臨在の神学がそれぞれ対応しており、幕屋は祭司による理論的加工の結果としての両者の結合と理解されるといわれる[31]。箱の場合はいつもそこにヤハウェが臨んでいるのである。旧約の言葉を成就に向かう運動から理解する必要があるので、ダビデ、ヨシュア、幕屋、過越の羊などをキリストの予型だとはいえないといわれる[32]。17世紀に考えられた予型論とは異なることをいう。特定の出来事をキリストの予型とは見なさないのである。

(d) 神が戦争の主体たること

　他の神々からその地での優位を奪うため、ヤハウェはそれらの神々の特質を自己の上に引いてきて、ヤハウェはエルでもバアルでもなく王であると告げたといわれる[33]。他との接触においてこういう対応をしたのであろう。このことは信仰自体の成長を表している。神と神との神同士での争いがあるので、それを信仰において解決することが不可欠なのである。当時の情況では民主主義ではないので、そういう仕方で信仰を拡大することは民族の存立を賭けた決断が必要であったであろう。こういう拡大を一つするたびに、その分だけイスラエルはヤハウェへの信仰を深化させていったであろう。より深く一体化していったのである。

　まず、イザヤ5章25節で「主は御自分の民に向かって激しく怒り」という。1章7節を見ても地は荒廃、町々は焼き払われ、田畑の実りは異国の民に食べられという零落振りが分かる。にもかかわらず背きを重ねて打たれようとするのかと呼びかけられている（5節）。こういう情況では今後さらに主からの裁きが臨むことは5章26節以下でいわれているとおりである。神自身がユダの災いのイニシエイターである。「遠くの民に合図し」（26節）とあるように神は他の民を自己の目的のために使用するのである。神が歴史の導き手である。神はユダの民に対して硬軟両様の態度をとる可能性を保持している。そこに民の

信仰的、倫理的覚醒への促進要因が潜んでいるのである。7 章 3 から 9 節にかけてイザヤは信念を表明している。アラムを率いるレツィンとレマルヤの子が激してもその謀り事は成功しないという。彼は預言者なのでこれは宗教的信念の表明である。いわば神に代わって神の代理人として先々起こることを告知しているのである。信仰的確信があってのことである。アハズ王は迷っている。人として、王として当然といえば当然である。負ける方に味方してしまったら国が滅ぶのであるから。神による摂理への信念があってはじめて明確な態度をとりうるといえる。迷いを超えていることはやはり人を超えた何らかのものの到来を告げ知らせているのである。11 節では「しるしを求めよ。」といわれている。ユダヤ人にとってしるしは重要である。神が人に対して何かをアピールする際に神が発するものであるからである。そしてそれに基づいて 9 節にあるように信じて確かにされることが大切である。ここでも神の摂理を信じることが大切である。民が神から給わった律法に背くと主は怒りを発する。律法とはイスラエルの社会を維持、発展させるためのものといえる。社会正義がその根本に存している。義なる神にしてみれば当然なことであろう。イスラエルは自律ではなく神律によって生きるのである。他民族との戦争もこういう観点からなされるのであろう。17 章 12 から 14 節にかけて諸国民のどよめきが述べてある。イスラエルを略奪する者は結局主の叱咤により遠くへ逃げ破滅させられるという。

　神の創造による世界ではあるが残念ながら戦いなしには済まない。神は戦いを通して世界を主導しているともいえる。こういう事態は旧約の中で奇跡が多く語られていることと無関係ではないであろう。そういう語り方が生まれるほど世界は流動的なのである。ギリシャ思想でのように一定の法則で動いているのではないのである。自分達の存在もそういう神の戦いの中で保たれているのである。それだけ神への信仰も強くなると考えられる。神が戦い取っていてくださるのであるからである。こういう点から見ると、神が民を支えていることはいうに及ばず、反対に少なくとも世にあっては民が神をいわば代表しているといえる。だから民の無様な在り方は神の尊厳を傷つけるのである。民は種々の意味で立派な存在を保って神の尊厳を輝かさねばならないのである。こうい

う意味では神、人は相互に開き合っているともいえる。例えば現代では神への信仰の有無にかかわらず我々は人としての存立を保持している。これは客観的に見て疑いようのないことである。こういう情況では神信仰は存立への追加部分として補足的なこととなり易いであろう。この場合信仰はいわば一種の飾りものに成り果てる可能性が高くなるといえる。この点は多くの人が指摘しているとおりであろう。それに対して旧約の場合存立自体が神信仰と一であるといえる。イザヤ8章9節以下では諸国の民がいかに連合しても、神が我らと共にいますので戦略を練っても成功しないという。まだ現実にそうなっていない時点でこのようにいう。彼は既にそうなっている、最近の言葉でいうといわば一種のバーチャル現実に生きていることを表している。つまり可視の現実は既に過去になっているのである。時制が一つずつずれているのである。現在が過去になり、未来が現在になっているのである。こういう心の在り方は可視的世界の堅牢さの崩壊、したがって奇跡的なことがどのようにもいくらでも起こりうるという思い、すべてのものの神による創造という考えなどとも一体のものである。思うに創造という考え方は可視的世界の堅牢さの喪失より生み出された考えであるように思われる。現実的にものを考え、感じる聖書の考え方からしてもそうであるように思われる。可視的世界を固定的に考えるのはかえって現実的考えではないのである。

　次に、エゼキエルはエルサレムに対しての神による怒りの懲らしめを述べている（エゼキエル5,14以下）。懲らしめにはほかに愛による懲らしめがある（箴言3,12）。廃墟となって周囲の国々の嘲りの的となるという。神の主権がほとばしり出ている。主権ということでは士師記3章28節でエフドは「主は敵モアブをあなたたちの手に渡してくださった。」という。主が主体であることがはっきりといわれている。少なくともそう信じられている。特に戦いはまだこれから始まるのにそういっているのである。7章3から7節にかけて神によって手から水をすすった者が選ばれている。そうしている人の数は少なかったのである。ただの三百人でミディアン人などの部隊を撃ったのである。しかも彼らは角笛を吹き、水がめを割り、松明をかざし、「主のために、ギデオンのために剣を」（20節）と叫んだだけである。日本の戦国時代にもありそうな話ではあ

る。だがそうすることによって神による勝利ということが結果的に明確になるのである。勝利は人の思い量りによるのではないのである。表面的に戦うのは人間である。しかしその深層においては神が戦っておられるのである。人間はいわば神の代理戦争をしているのである。神が主体という事実がこの物語で端的に出ている。

　(e) 罪と赦し
　出エジプト32章7から14節にかけて主の自己反省のような事態が語られている。モーセがなだめたのに対して「主は御自身の民にくだす、と告げられた災いを思い直された。」(14節)と書かれている。モーセは神から指名されて神と民との間に立つ存在とされているので、こういうこともありえたのであろう。どこまでも神のイニシアティブによるといえる。決して人なら誰でもなだめさえすればよいのではない。そういうなだめを神は受け入れはしないであろう。十人の正しい者の話(創世記18章)の場合も、それは神自身がはじめてそう決めるということである。そういう神の決定に先行するものは何もない。法律による裁判のように先例があってそれに則って決めるというのではない。民数記14章11節以下で荒野を彷徨う世代はすべて滅ぼされ、モーセから別の民が起こされるとされている。すべての滅びの生起において裁きということがいわれている。それに対しモーセは主に赦しを嘆願する。その結果、民の全滅ではなく「わたしの声に聞き従わなかった者は」(22節)と限定されている。これは赦しである。かくて裁きと赦しがいわば同時に行われているのである。神は一度イスラエルを自己の民として選んだ以上、全面的に捨てることはなさらないことを現している。裁くことはしても滅ぼすことはしないのである。自己の民を滅ぼすことは自己自身を滅ぼすのと同じことだからである。まさに自滅である。これは世界を創造した以上、神はそれを完成へと導くことを意味する。最後まで神は責任を持つことを意味する。それならなぜあえて「疫病で彼らを撃ち、彼らを捨て」(12節)というのか。主の民の代表者たるモーセに対して宣言しているのである。民がいつまでも背くからである。その後モーセの仲保を受け入れたのである。もとより主はモーセがそういう仲保を申し出ると知っていたであろう。

次に、少し局面は異なるが、申命記15章1節以下で同胞への負債の免除が扱われている。一種の社会保障のような事柄である。七年目毎のことである。債務奴隷の解放である。債務者にとってなんと好都合な制度であることか。現代の欧米日のような資本主義の自由主義国家で行われている制度をしのぐといってもよいほどの同胞への愛に満ちた制度である。これは当時としては民族という集団の維持が大切だったという事情によるであろう。個人は民族の中での個人であって、現代でのように個の自立というような事態には至っていないという事情もあるであろう。生産力の低い段階では人は集団として生きる以外にないのである。現代ではより個人に重点がかかった情況になっているといえる。パウロのいう「肉による同胞のためならば、キリストから離され、神から見捨てられた者となってもよいとさえ思っています。」（ローマ9,3）という心情とも一脈通じているであろう。こういう制度は当時としては合理的であったであろうが、少なくとも現代から見れば合理性を超えているものといえる。奴隷として働くのではあるが、債務が七年経つと全く突如として帳消しになり、しかも空手で去らせてはならないというのであるから。これは神のイスラエルへの愛に基づいた制度といえる。共同体としてのイスラエルの維持にはこういうバックアップが必要であったのであろう。愛はそもそも合理性に基づいているわけではないであろう。神の債務奴隷への愛は債権者がその我欲を打破するよう求めている。「与えるとき、心に未練があってはならない。」（申命記15,10）、「自由の身としてあなたのもとを去らせるときは、厳しくしてはならない。」（18節）などはこういう点を示している。債務の帳消しがこういう事態を惹起してはならないのである。

しかしこういう制度は民全員が神への忠信を保持していることが前提となっていると思う。さもないと怠けて借金をして暮らしていてもいいということとなってしまうであろう。怠惰を奨励する結果にさえなるであろう。今の日本でこういう制度を仮に実施したらどうであろうか。社会は大混乱に陥ってしまうかもしれない。主ヤハウェへの信仰が前提となっているといえよう。当時の単一神教的情況の中にあってヤハウェを選ぶことは民族としての決断である。このことによって民は単なる自然的存在から人格的存在へとレベルアップしたの

である。神に向かって自己の心を開いたのである。そういう明確な決断なしではたとえ神を信じても、それは自然のものがどこそこにあると信じているのと何ら変わらないのである。決断するとは多くの選択肢の中からある一つを選ぶことであり、ここには自己の存在を賭けたという要素があろう。こういう点からは社会学的情況も大切といえる。特に古代では現代の民主主義でのように思想信教の自由が保証されているのではない。ひとたび自己の信奉している宗教に対して迫害が起こると、自分もそれに巻き込まれるのである。そこで現代においてより以上の重い決断が要求される。自己の信じている神と命運を共にするのであるから。こういう命運を賭けた主への信仰に基づく同胞への慈悲は「あなたの神、主はあなたの行うすべてのことを祝福される。」（申命記15,18）という言葉を端的に反映している。奴隷の側から見れば、奴隷としての苦難の期間を単に訓育的視点から見るのでは不十分であろう。また23章25節では人の畑のものについての規定がある。隣人のぶどう畑や麦畑に入るとき思う存分食べてよいが、籠の中に取り入れたり、鎌を入れたりしてはならないとされている。他人のものであっても手にとって食べる分には盗みにはならないのである。随分寛容である。

　さて、例外はともかくとして人の罪に対しては何らかの形でまず裁きが与えられ、次に赦しがという順である。先の場合でも奴隷として働いたので赦されたのである。基本はそうであるほかない。これはキリストを見れば一目瞭然である。罪から裁き、裁きから苦難が到来する。かくて苦難の中にある人への哀れみは罪人への哀れみでもある。神は裁きつつ哀れみつつという矛盾した情況に追い込まれているのである。これはひとえに人の罪が引き起こした情況である。ここでは人が主導しているのである。人が罪さえ犯さねば神のこういう苦境は生じなかったであろう。人の罪は神の苦を呼んでいるのである。神は人のために天地を創造し、人は神のために苦を創造したのである。さてイザヤ40章2節では「苦役の時は今や満ち、彼女の咎は償われた、と。罪のすべてに倍する報いを　主の御手から受けた、と。」という。まず苦、次に赦しがいわれている。ただ出エジプト3章7節ではイスラエルの民が苦しんでいるのを主が聞いてその痛みを知ったという。ここでは特に罪を犯したゆえに苦しんでいるの

ではない。だからこの場合は償いの後で哀れみという順にはなってはいない。しかしこの場合とて人は基本的にいって罪がある存在である。かくて苦しみが償いになっているといえるのである。いずれにしろ神はエゼキエル18章23節にあるごとく悪人についても「彼がその道から立ち帰ることによって、生きることを喜ばないだろうか。」という。神は創造者なのだから自己の創造したものが滅ぶことを望む筈はないのである。すべての存在に生きて欲しいのである。ただし正しい人でも悪人のするようなことをすれば死ぬという（24節）。各人にその罪は帰せられるのである。33章には見張りが登場する。7節には「わたしはあなたをイスラエルの家の見張りとした。」とある。見張りのいうことに従わなかった人だけは救われないのである。直ちに裁くと多くの人が倒れるのでそれを避けるためにこうするのである。ワンクッション置くのである。神がいかに人を救おうとしているかが分かる。神に向かって心が開かれていると救われるのである。開放性が大切である。

　神の愛がいかに深いかは例えば「わたしは激しく心を動かされ　憐れみに胸を焼かれる。」（ホセア11,8）という言葉が表している。ただその前にかたくなにわたしを拒んでいるので天に向かって叫んでも助け起こされはしないという（7節）。ここでも裁きと救いとはいわば平行しているのである。人は一旦罪に陥ると罪への感覚を失う危険がある。それが習い性となってしまうからである。全くとまではいかなくともそれと一体的になるのである。罪への感覚は意識下に埋もれてしまうのである。その結果神を見失うのである。神は「エフライムを再び滅ぼすことはしない。」（9節）という。「心を動かされ」（8節）ともいう。擬人的印象は受けるが、イスラエルにとって近い存在とされている。預言者の言葉なので単に人の立場に立っての利害得失で語られているのではない。預言者のように真に霊によって捕らえられるところまで行き着いたときには、このように神についてあたかも人であるかのように受け取る一面があっても、何ら預言者自身として支障を感じないのであろう。否、それどころか神がそういう存在であると真に信じるのであろう。「心を動かされ」る神について、それを擬人的に、あるいは人間臭いと感じるのは、そう感じる人の側に原因があるのであろう。つまり当人が人間的な心のままに留まっていて、真に霊的立場に至りえていないからであろう。

そういう点から見ると、人間的側面を持つ神は大いに結構ということとなろう。

(f) 罪での個人主義

　まずレビ記26章39節で「生き残った者も、敵の国々で自分の罪のためにやせ衰え、更には先祖の罪のために、彼らと同じようにやせ衰える。」といわれる。自分の罪と同時に先祖の罪も挙げられている。集団的に捕らえられている一面が見られる。それに対して申命記24章16節では「人は、それぞれ自分の罪のゆえに死に定められる。」という。各人は各人の罪ゆえに死に定められるのである。父祖の罪を子孫に三、四代までも問う（出エジプト20,5）が死罪についてはそうではないのであろう。申命記の改革は素朴な集団主義から個人主義、内的宗教への移行を結果し、個人がそこで聖なる生活を送りえたユダヤ人社会への道を開いたといわれる(34)。個人が集団の中に埋没していては集団も結局個人同様神に向けて開かれることにはならないであろう。個こそ集団の閉鎖性を打破していく契機なのである。内容は異なるが、仏教で自我が大我に対して開かれても、それは真の他者に対して開かれたことにはならないのと対比した消息を見うる。「向去却来」という契機は他者に対して開かれることとは別次元のことであろう。列王記下14章5節以下でアマツヤ王は父王ヨアシュを殺害した家臣を打ち殺したが、殺害者の子供は殺さなかった。各人はその罪によって死罪に定められるという律法によってである。この方が合理的なことはいうに及ばない。人からいうと神への窓口が、神からいえば人への窓口が集団から個人へと重点を移したということであろう。それぞれの時代の情況によって判断が揺れているのであろう。エレミヤは「だれでも酸いぶどうを食べれば、自分の歯が浮く。」（エレミヤ31,30）という。各人は自己の罪の結果を受けるということである。先祖の罪で子孫が死ぬとは考えていない。エゼキエル18章には各人の責任が出ている。個の責任が前面に出ている。子と父とは全く各々別に神の裁きにかけられている。先祖の罪が後代に及ぶことはないのである。これは悪い行いについてである。ノアの場合もそうだが、裁いて滅ぼす場合は、神は必ず正しい者を残されるのである。先祖への個人としての責任転嫁は許されないのである。神の定めを守ることはどこまでも個人の責任においてなされるべ

きことなので、これは当然といえる。イスラエルへの裁きの一端はこういう考えに立っているといえる。

　今日の前にある悪への裁きを考えた場合、目の前にある個人をそのターゲットにすることは不可避であろう。贖いという考えと特に矛盾はしないであろう。個としての考えがあってこそ贖いという考えもまた生じるからである。ただ末代までも累が及ぶという考えも他方にはある。これとどう調和するのかという問題は生じる。ただ既に累が及んでいる情況で考えれば、神の個人に対する判断はそういう情況を前提としてなされる。だから神の目から見ればどこにも矛盾はないといえる。だが人の目から見ると第二世代以降では死と罪とが既に存する情況なので、第一世代とは異なると考えてしまう。しかしこれは人の自我による主張である。人の判断であって神の目から見てのことではない。だから神は律法を授けたが、全く罪から自由な生活を送れとは人に対して要求してはいない。たとえ堕罪していても守りうることを求めておられるのである。エゼキエル18章5から9節にかけても決して実行しえないことを要求してはいないのである。ダニエル4章17節以下でダニエルはネブカドネツァル王の見た夢を解いている。にもかかわらず王は27節でバビロンの偉大さを誇っている。そこで神はその後で王を裁いている。王の人格的決断がそういう結果を招いている。自業自得である。宿命でも何でもない。神を信じるという決断を重視すれば当然こうなるであろう。人が人格として理解される限り、宿命というものは存在しないといえる。宿命とは人を基本的には自然的存在として捕らえることを暗黙の前提としているのである。ただ信仰が個人を救うだけの機能を持つと考えてしまうと信仰の意義を狭く限定することとなる。神が第一義であることを見失うからである。その結果、人は神に仕えるのではなくて、人自身に仕えることとなってしまう。聖なる神の前でこういうことは許されはしない。一種の偶像崇拝に陥っているのである。こういう神中心主義から見るとき仏教では人が仕えているのは人自身となるのであろう。人が神に向けて人自身から離れれば離れるほど神は近づくのである。

注
(1) ATD 1 創世記　25章19～50章　1993　591頁以下
　　Ollenburger,Martens,Hasel (ed.); The Flowering of Old Testament Theology　1992　196以下
　　　　　Walther Zimmerli; Life before God
　　(出エジプト33,19の引用の後)ヤハウェの主権的自由が鳴り響いている。ヤハウェはその名において自己を啓示する時も人類の処理に自己を任せたりはしない。
(2) Henri Cazelles; Alttestamentliche Christologie zur Geschichte des Messiasidee 1983　159頁
(3) Yehoshua Gitay; Isaiah and his Audience The Structure and meaning of Isaiah 1-12　1991　85頁
(4) 関根正雄　『イスラエル宗教文化史』 1964　170頁
(5) J.L. Mays; Psalms Interpretation A biblical Commentary for Teaching and Preaching 1994　349頁以下
(6) G・フォン・ラート　荒井章三訳　『旧約聖書神学Ⅰ イスラエルの歴史伝承の神学』 1990　413頁以下
(7) 同上書　68頁
(8) Yehoshua Gitay; ibid 233頁
　　「主こそわたしの力、わたしの歌」（イザヤ12,2）はエジプト人への主の勝利に対して神を称える歌にも現われている（出エジプト15,2）。歌を始める（גאה גאה）という結合（1節）に注目せよ。語彙と言い回しはイザヤが出エジプトの神話をほのめかしていることを暗示する。
(9) J.L.Mays; ibid 379頁
(10) G・フォン・ラート　同上書　265頁
(11) 同上書　257頁以下
(12) 同上書　427頁以下
　　族長、出エジプト、シオン伝承は全くダニエルの表象世界には異質である。時代の終わりに世界統治が天使の手に与えられるという表象の方に妥当性がある。少なくともこの夢の幻は創造から神の国までを包括していて預言者の幻より大きな空間を捉えている。ヤハウェはそれらすべてを絶えず圧倒して「角」の激怒をも支配する。「人」は天上の世界からやってくる。
(13) Henri Cazelles; ibid 1983　175頁以下
(14) ATD 旧約聖書注解　25　十二小預言書　上　ホセア―ミカ　1982　157頁
(15) 同上書　268頁
(16) 同上書　386頁以下
(17) R.E.Clements (ed.); The World of Ancient Israel 1989　209頁
　　　　　Robert P.Carroll; Prophecy and Society

(18) ATD 5の2 ヨシュア・士師・ルツ記　2000　66頁
(19) Yehoshua Gitay; ibid 157頁
(20) 同上書　193頁以下
(21) G・フォン・ラート　同上書　195頁以下
(22) J.Cheryl Exum（ed.）; Signs and Wonders 1989　107以下
　　　　　Yairah Amit; The Story of Ehud（Judges 3,12〜30）The Form and the Message
(23) Meinrad Limbeck; Das Gesetz im Alten und Neuen Testament 1997　141頁以下
(24) ATD 5の2　ヨシュア・士師・ルツ記　2000　103頁
(25) Ralph W. Klein; Ezekiel The Prophet and His Message 1988　65頁
(26) Ollenburger,Martens,Hasel（ed.）; ibid 1992　184頁
　　　　　John L. McKenzie；Cult
(27) Ludwig Koehler; Theologie des Alten Testaments 1966 185頁
(28) Ollenburger,Martens,Hasel（ed.）; ibid 186頁
　　　　　John L. McKenzie; ibid
(29) イジドー・エプスタイン『ユダヤ思想の発展と系譜』安積鋭二・小泉仰　共訳　1975　28頁以下
(30) Meinrad Limbeck; ibid 110頁以下
　　神殿はそもそも神がそこに住んでいる場所であるが、イエスは神殿の終わりを告げた（vgl. Mk14,58 Mt27,40）とき、イエスは同時に神が神殿にはもはや現在していないと主張したのである。
(31) G・フォン・ラート　同上書　320頁以下
(32) G・フォン・ラート　荒井章三訳　『旧約聖書神学Ⅱイスラエルの預言者的伝承の神学』1991 503頁以下
(33) Werner H. Schmidt; Alttestamentlicher Glaube 1996　205頁
(34) R.E.Clements（ed.）; ibid　49頁
　　　　　Andrew D.H.Mayes; Sociology and the Old Testament

第 2 章

神からの啓示への人の対応

第1節　神への固執などの中心的事項

(a) 神への固執

　内容的分類による神への固執について。人は仕えるべき一人の主人を必要とする。こういう主人は人にとって重心ともいうべきものである。そのことによって人は自己の存在を獲得するのである。さらにまた新たなる自己を開発したり、展開していきうるのである。真の意味での主体性を付与されるのである。新約でいえば「自分の十字架を背負って、わたしに従いなさい。」(マルコ 8,34)という言葉にそういう主体性の一端が示唆されている。ただこの聖句については当時ではそのように転義された"十字架を負う"という言い方の意味は知られていなかったので聞く人に理解されなかったであろうといわれる[1]。イエスは律法についても革新的解釈をするが、そのことにも通じていることであろう。エレミヤは20章7節以下において自己の窮地を告白している。「主よ、あなたがわたしを惑わし」に始まり、「主の名を口にすまい……と思っても　主の言葉は、わたしの心の中……に閉じ込められて　火のように燃え上がります。」と主が自己を捕らえて離さぬ事情を述べ、最後に「なぜ、わたしは母の胎から出て労苦と嘆きに遭い　生涯を恥の中に終わらねばならないのか。」と締めくくっている。自己で自己をどうにもできぬ事情が吐露されている。「人が皆、わたしを嘲ります。」(7節)という言葉は周囲の人間が彼を理解しないことを表す。しかもそういう事情の究極的根源は告白の最初にあるように神自身なのである。

神への深い帰依がかえって断崖絶壁的情況へ彼を追い込んだのである。「なぜ」（18節）という言葉は神への不信を表面的には意味するが、逆説的に神との無限の一致を表白しているのである。「なぜ」と問う相手は神以外にないのである。しかもその神こそがそういう問いを惹起した当の本体なのである。こういう情況はヨブの場合と類似している。彼は3章において自己の生まれた日を呪いつつ「なぜ、わたしは母の胎にいるうちに　死んでしまわなかったのか。」（11節）と先のエレミヤの場合と同じような心情を吐露している。いかに主の民であるイスラエルの中にあってとはいえ、否あるからこその真に主を信じることの難しさがいわれている。道は違っても結局同じ所へ至りつくのであろう。これはいつの時代どこの場所にあっても同様であろう。世を解脱することが不可避だからである。禅と真宗とは道は違っても上ってみる月は同じともいわれるが、それになぞらえていえば地獄へ下る道は違ってもそこを抜けて見る主は同じというところであろうか。仏教では解脱を此岸から彼岸へなので上に向かって表象するのが適切であろうが、今の場合罪との葛藤という契機があるので反対に下へ向けての表象が適切ではないかと思う。

　さて、人はアダムの堕罪に象徴的に表されているように神を排除して自己独自の世界を構築しようとする傾向を有している。そこで逆に神がイニシアティブを有する世界の中に引き出されるという事態がエレミヤのように人が神の救済史の中へと生まれるためには不可欠のことなのである。このように人間実存を深くえぐられた仕方で神を信じていればこそ、例えば出エジプトの出来事に基づいての神信仰は簡単には揺るがない。異民族との戦争で敗れて主に裏切られたと思うほかない情況に陥っても、再び立ち帰りうるのであろう。当時は他の神々も奇跡を行ったり、預言もできたかもしれない。そこで「ご利益」主義的信じ方では主への信仰から堕ちる危険があったのである。それだけ人の側において無たることが要求されるのである。その分神への開放性はより強固になるといえる。神を第一義として立てることが求められるのである。神第一義という点は例えばダニエル9章での七十週の荒廃の期間に関する預言にも表れる。民が戒めに背いたのでエルサレムは荒廃するが、24節でその期間が過ぎると逆らいは終わり、不義は償われるといわれる。今現在はいわば罰のために荒

廃の只中にある。その点神は契約に対して信実であったのである。裏返せば民が戒めをもし守っていればこういう事態は避けられたのである。そう信じうるのである。ここにイスラエルは心の拠り所を見出しえたのである。自己にとって好都合か不都合かという人の側に立っての判断を超えて神の信実は世俗的世界のすべてを超越して輝いているのである。そう信じた点にイスラエルの心の純粋さ、清さを見て取ることができよう。こういう清さは次の場合にも表れる。ヒゼキヤ王の時代ミカの預言したことが民の悔い改めにより成就しなかった。このことはエレミヤ26章18節にミカの預言（3,12）が引用されていることで分かる。それを17節にあるように長老数人が全会衆に話すとき利用している。つまり成就しない預言とても神から出たものなので、尊重したのである。そのとき成就しなくても真でないことにはならないのである。神と人との関わりの具合によって預言の成就もまた異なってくるのである。「主は彼らに告げた災いを思い直されたではないか。」（19節）とある。民の態度が神の決意を変えていることが知られる。ミカからエレミヤまでの時間を飛び越えて妥当性を保持しているのである。神の言葉の重さが偲ばれるのである。

　こういう心の純粋さは自己にとっての好・不都合を離れることに表れるが、またギリシャ思想と異なり身体的なるものを蔑視しない点にも表れる。ヘブライ思想では周知のように心身一体である。節欲はよいが禁欲はよくないのである。聖ということは何ら身体ということと矛盾しないのである。世にあっては身体なしでは何もできない。かくて身体を尊重することは神の被造物でもあり当然であろう。律法でも分かるように旧約では日常生活が大切である。日常を離れてどこか遠いところへいくことを勧めてはいない。日常の中に非日常を、俗の中に聖を見出すのである。「是心是仏」と類似の契機を見出しうるかと思う。イエスが「断食するときには、あなたがたは偽善者のように沈んだ顔つきをしてはならない。」（マタイ 6,16）といっているのを思い出すのである。断食を何か特別のこととして見せびらかしてはならないのである。人の行いにそれ相応以上の重きを置いてはならないのである。このことは自己が無であるという意識と一であると思う。通常の感覚ではそういう受け取り方はしないが、神から刻一刻と種々のものを受けているのである。こういう情況は神が当人の地

所位に応じていろいろの名で呼ばれていることとも呼応している。「わたしの力よ」（詩編18,2）、「わたしのために何事も成し遂げてくださる神を」（57,3）、「ヤコブの聖なる者」（イザヤ29,23）などである。神の名前についてその時機にあったものが使われているのである。こういう仕方で呼びかけられていること自体が、神への関わり方の一端を示している。かくてそういう関わり方は神と自己との実存的な深い結びつきを示しているといえよう。

　こういう実存的な深い関わりがあってはじめて律法にしても、違反に対する罰を恐れての行為としてではなくて、それ自体として尊重するという態度も可能となる。申命記11章18から20節にかけて「覚えとして額に付け」、「子供たちにもそれを教え」、「寝ているときも起きているときも」、「あなたの家の戸口の柱にも門にも書き記しなさい。」とされている。ここまでヤハウェの命を重んじよとされている。うまくいくときには人は神の命を忘れ易いからである。ここまでいうには悪くいうとヤハウェへの囚われとでもいうべきものがあることが分かる。しかしこれは同時に義、あるいは愛への囚われでもあろう。人がいかに主の言葉に執着するかはアモス8章11節以下で分かる。「主の言葉を聞くことのできぬ飢えと渇きだ。」、「人々は海から海へと巡り……主の言葉を探し求めるが　見出すことはできない。」などといわれている。神やキリストを尋ね求めるのと同じことである。いつでもどこでも神の言葉を聞きうるのではないのである。つまり神の言葉を聞けない情況とは神が民に対して自己を隠しておられるということなのである。人にとっては言葉という目に見える具象的なものが必要なのであろう。こういう仕方で探すという事態は神の意に沿うことにおいて人が積極的であるようにとの要求に通じている。例えば出エジプト23章10節以下では土地を休ますことは出ているが、負債免除のことは出ていない。一方、申命記15章1から3節、7から11節では七年目の負債免除のことが出ている。そのようにすれば主の祝福が得られるとされている（10節）。イスラエルのその置かれた情況によって積極性の現れ方の相違が生じているのであろう。後者では貧富の差がかなり生じていたことを伺わせる。民族としての一体感を維持するにはある範囲以内に差を抑える必要があったのであろう。それに対して前者では集団がより大切である。さもなくば民族として他に対しての戦争な

どを遂行できなかったのであろう。階層分化はそれに関する規定を作るほどではなかったのであろう。

(b) 各文書での神への固執

少し個別に見てみよう。創世記32章25節以下ではヤコブは「顔と顔とを合わせて神を見た」(31節) という。このように考えているということは、神が人の姿をとって自分の前に現れていると考えていることを示す。「ヤコブをその場で祝福した。」とある。その相手を神として信じたのであろう。自分の信じている神がそういう姿で身近に現れると信じることに、違和感を持っていなかったのであろう。神は畏るべきものと信じつつ、他方ではこういう風にも信じているのである。超越的であると共に具体的、現実的である。こういう記事にも神への固執は表れているといえよう。

いわば裏返された形でのともいうべき神への固執も存している。ヨシュア2章4から11節での遊女ラハブがイスラエルの斥候二人を匿ったことが挙げられる。8から11節にかけてラハブはイスラエルの神が天地の神であると認めている。彼女は自分の同族を裏切るような形でイスラエルに肩入れしている。命をかけての決断といえよう。同族の神を信じるか、あるいはイスラエルの神をかである。二者択一である。穿った見方をすれば、彼女の態度は自己の利益に沿っての単なる打算と区別がつかないとも見える。信仰とは、むしろ世俗の利害得失とは反する場合にこそ、明確になる事柄ではないかと思う。殉教というのもそうであろう。確かに信仰によってこの世で恵みを施される場合もあるであろう。それにしても彼女の決定が、真の意味での信仰によるのか打算によるのかはっきりしない。それをあえて信仰と考えるには何らかの立場が必要となろう[2]。一種の裏切り行為は、遊女の身分ということで、同じ民族への義理立ての必要もないという情況の反映であろうか。異民族がむしろ救い主と見えてしまうのであろうか。裏切りとか打算というモティーフを全く否定しては事実に反しないかと思われるのである。ヨシュア記の記者が彼女についてこういう見方、つまり信仰に立った見方をしている点については十分理解できるのであるが、彼女自身が打算を超えた信仰に至って、そこに立って判断していると断

定してよいものかと思う。

　こういう卑近なところに信仰を見るのは、それ自体としては正しいことであろう。信仰とは旧約的には頭の問題というよりからだの問題であろうからである。彼女の行為を神主体の、神主導の歴史の歩みへの参与と解しうるでもあろう。決して通常の状態では好ましくはない人の情動さえ、神は自己の救済史のために役立て給うのである。人はかくて自己の意識に反してさえ、神に奉仕することさえありうるのである。そういう意味では、神は人の自己中心的欲求を人のそういう欲求と争わせているとも考えうるであろう。自己に好都合かもしれないという期待が、神が人を動員する契機となっているのである。神による崇高な目標達成に人の低俗な思惑が役立つのは、まことに皮肉というほかない。しかしこれは宗教の伝道においても、そういう要因が皆無とはいえないことを思うとき、首肯しうるであろう。こういう事情は突き詰めて考えた場合である。そこまでいかずとも通常の情況においても、人は広大な宇宙に抱かれ、それと連動した人間の歴史的生において、神が送るメロディならざるメロディにシンフォニィするのである。もっとも人には神にとってのメロディは必ずしもメロディとは聞こえないのである。少なくとも旧約では善いことと生きることとは一である。そこで後者にとって不可欠ではない事柄で神が人に給わる安息という善を妨げるのは決して好ましくはない。こういう事情が理由の一半で当時イエスの弟子達が安息日に麦の穂を摘んで食べたことに対してファリサイ派の人々が反発したのであろう（マタイ 12,1〜8）。

　神が人から見ていかなる存在かの一端が詩編 5 編 5 から 7 節にかけて見られる。「悪を行う者はすべて憎まれます。」（6 節）という。神が悪の敵であることが明言されている。義への固執から来る人の苦悩に満ちた心を照らす一条の光が、そこから差し込む原点をここに見うるのである。神の義たることが人にとり拠り処なのである。聖というと人とは全く別個の存在となってしまい、人にとり疎遠となってしまう。そこで決して人と共通ではないが、非共通的共通を表すため、ここではあえて聖ではなく義といっておく。この点が人が神の許に至りうる、生命に至る狭き門なのである。この一点に注目することは、「見えないものに目を注ぎます。」（第二コリント 4,18）という信仰とも一である。

義たることは正に目に見えないもの、ことなのである。主を見た者は死ぬ（例えば出エジプト 19,21）ということも、神の義たるを見据えているからであろう。人は罪ある存在なので神の無垢の義には耐ええないからであろう。10から11節にかけて悪者追討を嘆願している。8 から 9 節では自分は主に忠実であり、「あなたの道を歩ませてください。」という。たとえ自分が正しい道を歩んでいると思っても、「わたし自身の」といわず、「あなたの」といっているところが意義深い。神の定め給う道なのである。そしてこの後先に述べたように悪者追討の嘆願をしている。つまりまず神の本性、次に自己の道、悪者追討という順番で述べている。自己が悪者に与しないことを明確にしている。最後には必ず神、義が勝つという信念が不可欠であろう。こういう決定が下されて、はじめて「あなたを避けどころとする者は皆、喜び祝い」（12節）ということとなる。しかしこれは必ずしも現実的に自己が勝利したことの表明ではない。そういう信念の表明である。このことは神の言葉は一度発せられたら、実現したも同じであることと軌を一にしている。人はそのとき実存的に終末にあるのである。即ち神の許にあるのである。先の「見えないものに目を注ぎます。」（第二コリント 4,18）ということとも同じ趣旨である。このように考えてみると、歴史的にも終末が信じられていることは重要といえる。自我の否定、見えないものに目を注ぐ、終末信仰、これら三者は一体である。またこのことは倫理面へ反映する。「なぜ、むしろ不義を甘んじて受けないのです。」（第一コリント 6,7）という具合に。「信仰と、希望と、愛、この三つは、いつまでも残る。その中で最も大いなるものは、愛である。」（第一コリント 13,13）ということとも。ただ良心の問題が生じる場合はこの限りではない。なぜならそれは信仰の問題に直結しているからである。例えばパウロがアンティオキアでケファをなじる（ガラテヤ 2,11 以下）ごとくである。終末信仰は知的聖別を意味し、信仰、希望、愛のうちで愛云々は行為的聖別を意味するといえよう。

　このような神の側への人による固執は、神の側から見るとその決定の一回性に表れる。創世記 27 章 30 から 40 節にかけて、イサクがヤコブの方に最後の祝福を与えたことを一例として挙げられる。撤回不能なのである。母リベカの勧めでヤコブは父イサクを欺いたのである。それでも与えた祝福を撤回できない

のである。何か理不尽な矛盾を感じざるをえない。欺いた者は呪われるべきではないのか。しかも一回的な祝福の横取りとあってはなおのことであろう。騙し勝ちということでよいのか。神はそれを黙認しているのか。ここがただ単なる人の世界の中でのこととは異なるところなのであろう。祝福という事柄は単に人に発することではなくて、同時に否、基本的には神に発する事柄、神にその起源を持つ出来事である。かくて一度決定したことはいわば神の決定と同じことである。そこで変更できないこととなるのであろう。唯一の神のただ一度の決定なのであるからである。"一"の"一"なのである。神が多ければ決定も多数回ありうるであろう。日本での"八百万の神"のように。イサクの決定は神自身の決定なのである。これは祭司の決定に神が従うという事態と平行したことであろう。人間的次元で見れば種々問題があるとしても、それを通じて神の計画が実現されていくこととなるのである。

　出エジプト20章4節以下では偶像崇拝が禁止されている。つまり神は唯一なのである。しかも人はそういう神にかたどって造られている。だからパウロのように主の奴隷ではありえても、本来的にいって人の奴隷たるべきではない。そこで奴隷の身分になって七年目になり解放されるというのに、続けて主人の家族と共にいたいと望むときは、「錐を取り、彼の耳たぶを戸につけて刺し通さなければならない。」（申命記15,17）と定められている。ちなみにレビ記では「エジプトの国からわたしが導き出した者は皆、わたしの奴隷である。」（25,42）といわれている。ヤハウェの奴隷か人の奴隷かという対比がある。自由の身（申命記15,12以下）ということの内容が現代でいうのとは違うとしても、人の奴隷のままがよいということなので、錐で耳を刺し通すとされているのであろう。ヤハウェへの固執よりも世のことへの執着を取っているからであろう。「何よりもまず、神の国と神の義を求めなさい。」（マタイ6,33）ということであればよいのであろう。しかるにこの場合はそれとは逆のことをしていることになるからであろう。先のレビ記の個所でも奴隷として売られてはならないとされている。イスラエルの民はエジプトから出た時点で既にヤハウェの奴隷となっているからである。

　こういう考えの背景には神と人との対比、対立、神の聖に対しての人の罪と

いうことがあるであろう。神の方へより近づく機会を自ら捨てているからである。しかしそれには場合によっては愛する妻子と決別しなくてはならないのである。罪と決別しようとすることがそのことを要求するからである。かくて「今この世で、迫害も受けるが、家、兄弟、姉妹、母、子供、畑も百倍受け、後の世では永遠の命を受ける。」（マルコ10,30）という言葉に反して、アダムとエバの話において二人は一体となる（創世記2,24）といわれているその体を引き裂くのである。神信仰の厳しさがいわれている。妻子というような世俗のことからの自由が即ち主の奴隷となることであることが分かる。反対に妻子への愛ということは、それが罪への方向を意味していれば主の奴隷と異なることである。ここでは妻子と共にいるか別れるかという選択である。そこで二者択一であって両方取るという選択肢はないことが分かる。究極的には神を取るか人を取るかである。二者択一の場に置かれるときには、いつも神につくことの必要が示唆されている。「熱情の神」（申命記5,9;6,15）といわれる。聖別ということもこういう関連でいわれることであろう。"別"ということであるから。先の決別の"別"ということとも関連しているであろう。イスラエルはエジプトで奴隷だった。人の奴隷から主が解放した。そこで今度は主の奴隷となった。人の奴隷からの解放が即ち主の奴隷なのである。だが同じ奴隷といっても双方でその内容は全く異なっている。こういう事情は、告白における排他性はイスラエルに固有で、"ただ"、"全く"、"心のすべてから"（ホセア）のように種々の言葉で示される、といわれる[3]。

(c) 出来事への信頼

　出来事への信頼について内容によって分類しつつ考えたい。モーセで分かるように、主の顕現に接し、それまでのしがらみを捨てて、イスラエルは神に属する民として生まれ変わって新たに旅立ったのである。燃える柴という出来事がモーセの信仰の発端である。その出来事への自己の存在全体の集中から、信仰の命は湧き出るのである。歴史的、具体的事象を通じて与えられるのである。神の意志は、それが愛のであれ怒りのであれ、そういう事象で示される。神の働きはその行いである出来事が現すのである。神を直接に即自態においては知

りえず、出来事において間接的に知るのである。可視的世界が神の栄光を現している世界として実感できれば、人は正に神の働いている日々に、時々刻々に、世界の中に生きていることを実感できるのである。そうなれば生きることはもとより死ぬことも神の御手の中にあってのことであり、「生きるにも死ぬにも、わたしの身によってキリストが公然とあがめられるようにと切に願い、希望しています。」(フィリピ1,20)というパウロのような心境にあることとなるのである。死の瞬間にさえ主は我々と共にそこにいてくださるのである。種々の出来事をこのように受け入れるには人の心は虚ろでなくてはならない。そしてそこへ霊が入り霊の立場から身近から宇宙の果てまでを見渡すのである。こうして神中心的、神律的なものの見方、生き方が与えられるのである。虚心ということは人の心理的要因に必要以上の重きを置かないことでもある。これは信仰が哲学ではないことと平行したことである。人の心理的側面よりも外的要因を重視している。そういう要因がいかに大切かは、民が相対的には安全なエジプトを脱出するという決断をした結果、葦の海とエジプト軍とに挟まれて危機に陥るという事実にも現れる。神を信じるという決断が、差し当たってはいわば不幸を招く結果になっているのである。乳と蜜との流れる土地へ入るのは、その後長期間経ってからのことである。このことはその土地へまっすぐ行かずに、ルートが迂回していることでも分かる。しかも神の祝福を受けることはこの世にあって栄えることを意味する。このことはアダムから世代が下がるにつれて寿命が短くなっていることにも現れている。神から遠くなるにつれ短くなるのである。神を信じて脱出したのにさしずめ苦難の連続なのである。ここにこそイスラエルの苦悩が凝縮して現れる。神が見えないという苦難である。

　こういう歴史が演じられる場は自然の中においてである。歴史、自然共にいわば神の指によって設計され、描かれているようなものであろう。自然は自然として存しつつ、その上に、あるいはそれと共に神による歴史的啓示がそこで生じる場所なのである。歴史は自然的歴史であり、自然は歴史的自然なのである。歴史や自然がこういう性格なので、旧約記者は比較的それらに束縛されないで信仰を記述しえたのである。信仰とは元来そういうものであろう。地に密着してはいないのである。ただしイスラエルは自分達が受け取る過去の伝承を、

あたかも証書のように扱い作り直しはしなかったといわれる⁽⁴⁾。このこともやはり神が人の世界に入ってきているという事実への信仰があってのことであろう。神がそうと決めたことを人が後から変えることはできないのである。これは一度祝福を与えたら換ええないのと同じ消息であろう。人の神への開放性へ通じていることであろう。神への信仰を前提として考えれば、神は我々人間を人が生きるに当たっての種々の問題を通じて、自己の前に呼び出すと考えられる。そこで我々はそれに対して主体的に応答することを求められている。

さて、近代的、科学的自然観は、信仰とは少なくとも表面的には無関係であるごとくに見える。基本的には信仰とは別仕立てで生まれたのであるから、このことは当然であろう。だが信仰の立場からは別個のものとして放置することはできない。なぜなら一人の人間の頭、心に同時に入ってくるからである。何らかの調和が求められる。たとえ自明でなくてもよいのだが、そういう自然観の背後に神を感じうればよいのである。古代ではこのことは当然であったのであろう。現代においてもこのことは必要であろう。むしろ現代においてこそ不可欠であろう。神が背後に存すると感じてこそ、そのものは真の実在性を獲得するのである。「地に住む者もまた、ぶよのように死に果てても わたしの救いはとこしえに続き」（イザヤ51,6）というごとくである。神なしに実在はない。実在についても抽象的に考えるのではなくて、現実的、具体的に感じられているのである。信仰の目で見れば、すべては被造物である限り実在である。ものを見るときでも単にそのものの外的姿を見るのではなくて、いわば神の使いとして見るのである。個々のものを神から無関係として見ることはできない。いかなることにも神の意志が貫徹しているのである。

「全地よ、主に向かって喜びの叫びをあげよ。」（詩編100,1）という。全地ということで人も自然も入っていることであろう。全地の内、自然的世界は周期的繰り返しであるが、イスラエル的理解では出来事という見方が重んじられる。死して甦える神についての、植物の生長の神話での神の行為は規則的繰り返しだが、イスラエルでは神の行為は全く出来事的に把握されるといわれる⁽⁵⁾。死して甦える神とはバアルのことであろうが、それに代表されるように周辺民族の宗教では繰り返しだが、イスラエルでは出来事的に解されている。出来事に

よって神の意志が啓示されるのである。前者なしに後者は人に知られえないのである。神が啓示を行うときは、大概雷鳴とか火のような自然現象を伴っている。現実にそういう現象を伴った場合もあったかもしれない。だがしかしそれは重要なことではない。現実的情況を現代の眼から見て明らかにしようという詮索は、かえって信仰の不十分さを反映しているのである。啓示された神の意志が大切である。歴史的事実そのものを信仰からいわば切り離した形で、明らかにはなしえないのである。現実的世界の中に現される神の意志を受け入れるには、人の側においてそれなりの備えを必要とするのである。「自分自身を聖別せよ。主は明日、あなたたちの中に驚くべきことを行われる。」(ヨシュア3,5)という。神の奇跡的行いに対しては、人は洗い清め、性交渉や何らかの食べ物の断念のようなそれに相応しい行いを示さねばならないのである。人が奇跡を通して神に出会うのであるから、現実的に備えをすることによって心の準備をすることを意味する。何らかの行為をしたからといって人が罪のない状態になるわけではない。つまりそれ自体としてみればどれほど有意味なことか疑わしいのである。しかしそれの価値を神が認定してくれることによって、それは意味を持ってくるのである。「主」主導的なのである。

　初子をささげる話（出エジプト22,28）もそうであろう。神が第一なのである。ウザの話（サムエル記下6,6以下）もそうであろう。神が第一ということがすべての点で貫かれているのである。このような神の意志の伝達が第一という観点からエゼキエル37章1から14節にかけての枯れた骨の復活という話を考えることができる。これはイスラエルの復興を象徴的に表しているといえる。直前の36章でそういう趣旨のことが告げられているからである。「わたしは主の霊によって連れ出され」（1節）という言葉は以下に書かれていることが幻想的性格のものであることを暗示する。また「霊が彼らの中に入り、彼らは生き返って自分の足で立った。」（10節）という言葉は「その鼻に命の息を吹き入れられた。人はこうして生きる者となった。」（創世記2,7）という言葉を思い起こさせる。神から霊、息が与えられて人は生きることを表す。神にできないことは何もないという信仰の端的な表明である。したがって必ずしも現実に白骨が生き返ったと受け取る必要はないであろう。そういう方向への固執は、かえって信仰が与える自由と矛盾する

であろう。何ものにも障えられない自由ではないからである。イスラエルは今現在は荒廃している。人間の世界はそのように善悪が切り合う世界である。そういう世界で神が主導権を取っていることが顕わにされている。

　ただ神は自己の属する聖なる世界と人の属す世界とを一対一で対応させてはいない。両者は基本的に別個の世界なので一致するときもあれば、反対に対立するときもあろう。こういう点について私の感想も入っているが大略次のようにいわれている (6)。まず主はサムエルに民の声に従えという（サムエル記上8,7）。まずここでは主の意向と民のそれとは矛盾していない。一方、ギデオンはあなたが我々を治めてくださいという民の願いを断っている（士師記8,22以下）。ここでは先の場合と反対である。さらにナタンの預言として「わたしは彼をとこしえにわたしの家とわたしの王国の中に立てる。」（歴代誌上17,14）という。ここでは一致はしているが、完全に統一されてはいない。一方、「わたしはあなたの敵をあなたの足台としよう。」（詩編110,1）という。ここでは主とダビデとは別々ではあるが、より統一的性格が強いといえよう。以上である。地上の王国はどこまでも人間が主体であるので、それが直ちに神へ直結はしないのである。一時的には双方が一致することもあろうが。こういうところから終末論的思想も生まれるのであろう。神が人間的世界を超越した存在であると信じることと一なのであろう。このことは現代において、広大な宇宙と矮小な人の世界との間の違和感を完全には解決しえないこととも、どこかで連なっている事態でもありはしないかと思う。神的調和は終末以前においてはどこにおいても実現しないことであるからである。

　このように時間、空間という四次元の世界に神の意志は啓示される。神自身については直接には知りえない。神が全天地の創造者であるとはいえ、どのようにして創造したかについては神話的にはともかく科学的には解明しえない。「ということ」については明白でも、「どのようにして」ということは解明しえない。そういうことが可能と仮定して、もし科学的に宇宙誕生の過程を解明しえても、「なぜ存在するのか」という問いへの答えはないままである。かくて人はニヒリズムに陥る。ここから神への信仰の不可欠性が理解される。このことは人の目を宇宙の神秘へと向かわせるといえる。こういう事態と一体のこととして次のことが考えられる。例えばイスラエル民族は葦の海とエジプト軍とに挟まれて危機に陥っ

ている。かくて人の側での無前提において主を受け入れている。すべては崩壊しているので文字通り無前提である。こういう点では仏教でいう「縁起即空」という在り方に近いといえる。しかしこの場合は存在自体が必ずしも危機にあるのではない点が異なる。そこで他者なる、存在を呼び出す神を信じる方向へはいかないのであろう。このように存在自体が危機にあるとき、宇宙をどのように解釈してみてもそれは特に意味のあることではないであろう。統一的に解しても、多極的に解しても。そういう事柄はどこまでも、自己の存在が確保されていてはじめて問題となる事柄といえよう。

(d) 倫理の原則

　律法に基づく倫理を内容で分類しつつ考えたい。イスラエルは哲学的意味での究極的原理として神を考えているのではない。考えるのではなく、固有な意志のある人格的実在として信じているのである。そして民はそういう実在の意志と時には対決折衝し、また時には共鳴し、また時には背き、また時には随順するなどの多様な行いを繰り返すのである。倫理を考える背景としてまず社会的情況を取り上げよう。イスラエルでは地上的世界を支えていた神話的世界がヤハウェ信仰によって脱落し社会構造はむしろ批判される傾向となったといわれる[7]。全体主義的社会の崩壊と共に大略次のようなことがいわれる[8]。階級分裂が生じ、律法遵守に量的差別が生まれ、一定量以上ささげる行為には特別の功徳が付与されることとなった。かくて律法が契約とは独立の地位を要求し始めた。ここにユダヤ教の律法主義の萌芽がある。以上である。イスラエルの中に定住後、時間の経過と共に社会階層が生じた。それが律法主義の元である。申命記15章1から18節にかけて負債の免除、奴隷の解放が扱われている。階級的分裂を伺わせる。例えば七年目には奴隷を無償で解放せよという指示なので、奴隷という身分のあることを好ましいこととは考えていなかったことが分かる。古今東西を問わず富の分配の不平等が一定限度を越すと社会が崩壊するからである。

　さて、列王記下21章23節以下に関連して、この時代には十分の一という形での国税は廃止され、王権的官僚は無意味と断罪されえたといわれる[9]。この個所にはヨシヤ王のことが出ている。父であるマナセ王同様悪を行い、偶像崇

拝も行ったアモン王に謀反して打った家臣を、民は打ちその子ヨシヤを王としたのである。確かにそういう税がなくなればそれを集める官僚は不要となろう。そこでそれも理由の一半としてここでいわれているような事件が起こったのであろう。家臣が民によって打たれている。家臣が官僚に当たるのであろうか。エレミヤ21章12節ではダビデの家に対して「搾取されている人を　虐げる者の手から救い出せ。」という。ここでは社会的に搾取されている人々のことがいわれている。社会的次元のことである。例えばヨブでのような純粋に個人的意味での苦悩のことではない。個人の努力だけでは解決しない問題であろう。イスラエル社会の一体感を破壊するのみでなく、神の律法による秩序をも危険にさらすものであった。こういう考え方の背景には大略次のようにいわれる事情(10)も関わっている。即ちイスラエルの上層階級も教養理念を持っていた。その基準は激しやすい人（箴言15,18;22,24）と対照的に「心の平静な人」、「穏やかな人」などである。知恵文学的なヨセフ物語はこういうギリシャの中庸の基本的要求と関わる人間像を示すといわれる。以上である。イスラエルの思想もギリシャ的な考えと共通な面があるのである。ただユダヤ教は同胞愛の宗教という性格があるのではないかと思われる。同胞愛ということの内には自己愛という要素も入っているであろう。そのように考えてみると、パウロは離散のユダヤ人ではあるが、ローマ7章の告白は同胞愛的なユダヤ教徒という枠を既に超えて、個人として神を信じるという方向へ歩み出しているのかと思われる。もっとも彼も同胞のためならキリストから離されてもよいといっている（ローマ9,3）。つまり自己愛より同胞愛が強いのである。両者とも純粋に霊による愛とはいい難く、いわばより強い毒によってより弱い毒を制しているようなものであろう。毒は毒をもって制すである。より強い熱情がより弱い熱情を押しのけているのである。だがその同胞愛よりキリストへの愛がさらに強いのであろう。「キリストのゆえに、わたしはすべてを失いましたが、それらを塵あくたと見なしています。」（フィリピ3,8）という。かくてキリストへの愛、同胞愛、自己愛の順であろう。

　アモス、ミカなどの預言者たちによれば上層部は買収を愛し、義を嫌悪したのである。例えば賄賂を取り、貧者の訴えを退け（アモス5,12）、正義を忌み嫌

い（ミカ3,9）、孤児の権利は守られず（イザヤ1,23）、主は長老、支配者らへの裁きに臨む（3,14）、身分の低い者から高い者に至るまで　皆、利をむさぼり（エレミヤ6,13）などが国の悲惨な情況を示している。要は社会的正義が欠如しているのである。義なる神の足元で義が欠けているのである。誠に皮肉な情況といえる。以上のような利害打算を超えてはじめて内面的に神の許にあるといえよう。「主の霊のおられるところに自由があります。」といわれる（第二コリント3,17）が、利害打算がこういう自由に反することはいうまでもない。この自由から真の愛が生まれるのである。神という背骨があってはじめて、人は利害から自由たりうる可能性を手にするのである。この背骨は人を実存的終末にまでもたらし新たに創造するものである。ただルターも農民戦争に批判的になっていった。それ自体が一つの世俗の権力に堕したら反対せざるをえないのであろう。彼らが「偽り誓って、契約を結ぶ。裁きが生え出ても　わが畑の畝に毒草が生えるようだ。」（ホセア10,4）。「主を求める時が来た。」（12節）にもかかわらず、「不正を刈り入れ、欺きの実を食べた。」（13節）のである。ヤハウェはイスラエルに正しい道を示したが無駄だったのである。個人的次元でも不正が横行していたのである。こういう情況なので当然国としてのまとまりは欠けてくるであろう。その結果捕囚が到来することとなったのである。

　このように見てくると、律法の薫陶が大切たることが分かる。「わたしの法を行い、わたしの掟を守り、それに従って歩みなさい。」（レビ記18,4）という。民全体としても、個人としても現実の生活を律法に従って送らねばならないのである。「人はパンだけで生きるのではなく、人は主の口から出るすべての言葉によって生きることをあなたに知らせるためであった。」（申命記8,3）という。また「あなたの神、主があなたを訓練されることを心に留めなさい。」（5節）という。訓練の必要性がいわれている。教育が大切たることが分かる。荒野を長期間彷徨ったこともこういう観点からも見うるであろう。人の神への関わり方は神主導で決められるのである。こういう教育の重要性については、「あなたの犯した悪が、あなたを懲らしめ」（エレミヤ2,19）、イスラエルについて「乳房の間から姦淫を取り除かせよ。」（ホセア2,4）などを引いた後で大略次のようにいわれている (11)。まず教育は当該者を誤った行為により生に躓くことから守

るための知識を伝える。そこで当該者は相応の認識と正しい行為へと動かされるべきなのである。こういうイスラエルの信仰が可能なのは一つには、神のイスラエルへの好意は確かであるということ。二つには、人は知恵によって行いと命令の発布との間の関連は偶然ではないことを教えられて知っているからである。以上である。二つの理由のうち最初の方が特に大切であろうと思われる。

　ところで、イスラエルにもギリシャと共通的な知恵のあることは先に述べたが、「ギリシャ人は知恵を探しますが」（第一コリント1,22）といわれるが、この知恵とは知的傲慢ということであってはならない。理性が舞い上がってしまって信仰に対して優越してはならない。自然理性による理性中心主義、理性万能主義は厳に慎まなくてはならない。合理主義はその有効範囲内に留めおかねばならない。こういう観点とも関連していくつかの視点を取り上げたい。申命記27章18節では盲人を道に迷わせる者は呪われると定められている。レビ記19章14節には聾唖者、盲人保護の規定がある。このように身体障害者保護が規定されている。前者では「民は皆、『アーメン』と言わねばならない。」といわれている。後者ではそういう規定を述べた後で「わたしは主である。」といわれる。これらの言葉はそういう規定の背後にはヤハウェが存していることを伺わせるのである。また申命記22章25節以下では婚約した娘を犯した者は死罪とされている。24章5節では妻を娶った時は一年間は戦争に出ずに家に居て妻を喜ばせねばならないとされている。24章6、10節以下、12節以下には貸し付けについての規定が見られる。こういう同胞を助けるという側面は22章1から4節（敵対する者との関係では出エジプト23章4節以下）では家畜にまで及んでいる。かくて普遍性のある内容を律法は持っているのである。こういう事情は例えば「心の清い人々は、幸いである」（マタイ5,8）といわれているような、神の義の実現した世界への憧憬が、我々の心を動かしていることと平行した事実であろう。もとより我々は自己の存在がただ単に永遠に持続することを望んではいない。むしろ同胞とか愛する人々がそうあることを望むことはあるであろう。

　さらに、社会的生活と個人的私生活とを分けて考えるという現代的観点から見て興味深いことが見られる。出エジプト21章2から11節には奴隷について、独身で来た場合、妻帯者であった場合が区別して書かれている。また人が娘を

女奴隷として売った場合の定めもある。一方、申命記15章12から18節にはそういう私生活に属する部分に相当する規定は見られない。たとえ奴隷でも私生活には干渉されないことを意味するのであろうか。後に社会が安定して奴隷の権利が拡大したのであろうか。いずれにしろ私生活まで縛られないことは望ましいことであろう。出エジプト21章7から11節での規定は女奴隷を"家族のための売春婦"（アモス2,7）にされることから守ろうとしているといわれる[12]。これは同胞であるヘブライ人についてではあるが、こういうことである。外国人については別なのであろう。アモスの先の個所では父と息子が同じ一人の女のところに行くといわれている。奴隷の人権がいわれている。七年目には無償で自由の身として去らせるという規定もそうであろう。基本的考えは損害を償うという発想だが、後の社会では種々の問題が生じ、それに関しての規定であろう。こういう配慮は外国人について寄留者を虐待したり圧迫したりしてはならないという規定（出エジプト22,20）、貧しい人々についての高利貸の禁止（22,24〜26）、賄賂を取らないこと（23,8）などの規定があったことにも現れている。弱者への強い関心を示す点で旧約は特徴的で、神自身が直接特別な保護者の役割を引き受ける形になるので、文体は一人称に変わっているといわれる[13]。申命記23章20節以下によると外国人には、利子をつけて貸してもよいこととなっている。一方、同胞からは利子は取れない。経済合理性からいえば当然利子がもらえる、例えば寄留の外国人に貸すこととなろう。それでは同胞が困ることとなろう。かくて神のいわば奴隷たる先兵イスラエルの同胞としての自覚が貸す人に要求されるであろう。「同胞のためならば、キリストから離され」（ローマ9,3）というぐらいのものが必要であろう。しかるにパウロは異邦人伝道に力を注いだのである。そういう人がかえってユダヤ人としての同胞意識も強烈だったことは誠に皮肉なことであった。このことは普遍的に妥当性のある地平へと抜け出た時に、同胞意識という特殊なことにも対応しうることを示していると思う。

(e) 具体的倫理

ここで興味深いいくつかの点を取り上げたい。まず、イスラエルにとり現実

の世界は神の創造によるのであるから、その中のものは原則としてすべてよいものである。身体的、性的欲求についても同様である。蔑視する傾向は見られない。しかしそういう面についての種々の規定がある。申命記25章5から10節では兄弟が死ぬと、その未亡人と結婚して子をもうけ家を継がせねばならないと定められている。次に雑婚の件であるが、これはヤハウェ信仰とも絡んで難しい問題をはらんでいるのである。歴代誌上2章3節ではユダの三人の子がカナン人の母から生まれたという。35節ではシェシャンという名の人がヤルハという名のエジプト人の召使に娘を妻として与えたという。これらでは雑婚がいわれている。一方、捕囚後のことを記述しているエズラ記9,10両章では異民族の息子、娘との結婚の否定（9,12）、異民族の妻子との絶縁（10,3）などがいわれている。信仰の絡んだ重要な問題だけに、イスラエルの置かれた情況に応じて考えが揺れていることが分かる。いかにヤハウェ信仰が根本にあるとはいえ、情況が異なれば判断も異なるのは自然とも考えられる。

　次に、詩編12編3節では偽りがはびこり二心で話すという。こういう情況では人間同士の交わりができなくなる。互いに信用できなくなる。社会は崩壊する。意志疎通のためには共通の場が不可欠である。にもかかわらず嘘偽りがまかり通っていては意志疎通は不可能となる。これは人には心に書かれた律法があるということと一のことである。こういう信念に生きるには現実の彼方に、神の奥義が見えている必要があろう。このことは義への固執とも一のことであろう。終末が見据えられているのである。世の終末、世からの自由は実存論的終末でもって始まるのである。世を超えたものと世のものとの対応は逆となるであろう。民数記5章11から31節では、13節にあるように露見せず証人もいない場合の話ではあるが、姦淫の疑いを持たれた妻の判決法が見られる。当時の情況下ではこういう仕方でしか判決する方法がなかったのであろうが、余り合理的とはいえない。苦い水を飲んだ場合胃腸の弱い人であれば下痢もしよう。反対に強い人なら平気であろう。だから祭司の前でこういう儀式を受けさせることによって、当人が姦淫していれば精神的に追い詰められていくことが目的といえよう。その結果として腹を膨れさせ、腰を衰えさせることになるのであろう。反対に潔白なら心は平静なので、今まで通り生活を送り何の害も蒙らないのであろう。つまりここには

心の在り方の変化を媒介として結果が左右に分かれるのである。たとえ律法がなくても、人には心に書かれた律法があることが前提となっているのである。これは出エジプト20章1から17節にある十戒を与えられているイスラエルの中の一員についても当然妥当することである。いわんや心に書かれた律法の上に、さらに石の板に書かれた律法を与えられているのであるからなおさらである。また21章12節では人を打って死なせた者は死刑、15から17節では人を誘拐する者は死刑、父母を打つか呪う者は死刑、22章17から19節にかけては女呪術師、獣と寝る者は死刑、神々に犠牲をささげる者は断ち滅ぼされること、27節には神をののしったり、民の代表者を呪ったりすることの禁止などが定められている。これらの規定に秩序を乱す者への判決が指示されている。宗教的に見ても、社会秩序から見ても、社会の安定はきわめて大切であったといえる。

　さらに、出エジプト22章2節には盗んだものは償わねばならないが、何も持っていない場合は身売りせねばならないという。貧しさから奴隷とされるのである。社会の階層分化が進んだ結果であろう。人類の歴史始まって以来社会階層のないためしはなかったのである。イスラエルも例外たりえなかったのである。23章3節では弱い人を、訴訟において曲げてかばってはならないという。あくまで正義は貫かれなくてはならないのである。ヤハウェが背後に存している限り。いかなる意味にしろ、いかなる仕方にしろ、義を曲げることは許されないのである。たとえ貧しくとも神の前では義を義として守らねばならないのである。貧しいゆえの甘えは認められないのである。甘やかしは人をかえって駄目にしてしまうからであろう。甘やかしと人としての誇りを持たせることとは二律背反だからであろう。同様にレビ記19章15節では弱い者を偏ってかばったり、力ある者におもねってはならないという。貧しい人に好都合な決定を下すのが禁じられているのは、そういう人達が有力者に属していたという裏事情もあろうが、逆に後者は前者を恣意的に扱うことはできない。富者も貧者も共に神の前での義を重んじねばならないのである。貧しいゆえの甘えも、富者なるがゆえのわがままも許されないのである。神の義につくことは富者にも貧者にも努力を要求するのである。易々と守れるものではないのである。神を第一義とすれば当然そうなるであろう。神の前での義はいついかなるときで

も妥当せねばならないからである。強者への偏向と共に、弱者への偏向も否定されていることは注目に値する。判官びいきは正しくないのである。これらは共に人間世界の中での情況を神の義より優先しているからである。たとえどんなに弱くとも貧しくとも、神の義は守らねばならないのである。人の側での情況とは無関係のことである。そもそも貧しい人にはヨベルの年などが定められているのであるから、それ以上の甘えは禁じられているのである。神は強者にも弱者にも偏り見ることはしないのである。新約でも「父は悪人にも善人にも太陽を昇らせ、正しい者にも正しくない者にも雨を降らせてくださるからである。」(マタイ5,45) といわれている。神の義は人間的世界での善悪、強弱を超越している一面があるのである。後者は相対的であるが、前者は絶対的であるからである。異次元のところから各々発しているのである。「敵を愛し、自分を迫害する者のために祈りなさい。」(44節) という言葉もこういう次元の相違を反映している。出エジプト30章12節以下で命の代償として銀半シェケルを主への奉納物として支払うと定められているが、豊かな者がそれ以上払うことも、貧しい者がそれ以下払うことも禁じられている。ここにも類似の消息を見ることができる。

　イザヤは女性の贅沢を糾弾している。3章はエルサレムとユダとの審判を扱っているが、15節では貧しい者の顔を臼でひきつぶしたという。18から23節にかけて贅沢な装飾品が奪われるという。社会階層の存在は止むをえないとしても、それがこのように度を超すと主への信頼を揺るがすこととなる。そこで神の裁きを招くこととなるのである。こういう点から見ると、貧しい人々はむしろ正しい人々ということとなろう。世はいわばサタンの支配下にあるからである。イザヤ57章15節では主はへりくだる霊の人に命を得させるという。61章1節では貧者によい知らせを、捕らわれ人には自由を告知させるためという。詩編51編19節では打ち砕かれ悔いる心を神は侮らないという。社会的弱者に主の心は向いているようである。世のもので心が塞がっていると心は主の方を向かないであろう。貧者は主へより頼む以外何らの方策もないのである。イザヤは社会的弱者を圧迫する者を非難する。10章2節ではわたしの民の貧しい者といって民と彼自身とを同一視しているが、これは彼の個人的闘争である

といわれる(14)。4節では御手は伸ばされたままだといい、圧迫者たちへの裁きの到来を預言している。民と自己との同一視は即ち貧者と自己との同一視を意味するのであろう。神を愛することと人を愛することとは同じということと軌を一にしているであろう。

　ここで性欲に反対ではないことについて。旧約では多産であることは神の祝福を意味している。それから考えても純潔であることが宗教的により高い状態にあるとは考えにくいのである。禁欲的に神に近づくのではないのである。霊とは反身体的との意味ではない。性的欲求は人に元来備わっているものである。創世記2章24節では「男は父母を離れて女と結ばれ、二人は一体となる。」といわれており、夫婦で家を去ることが示唆されている。これで見る限りでは家父長制的ではないようである。現実には家父長制であるが。男女二人の結合の強さがいわれている。こういう強さを雅歌8章6,7節がうたっている。愛を死と、熱情を陰府と対比している。よいものを正反対のものを持ち出してその強さ、酷さを歌い上げている。また大水、洪水も愛を消せないという。どんな災いがきても愛を捨てることはないのである。財宝で愛を得ようとすればさげすまれるという。金銭で愛は買えないのである。つまり死、陰府、洪水などの世の幸福とは対角線的に反対のものも愛を崩しえないのである。反対に財宝という世の幸福と引き換えでも愛は手に入らないのである。財宝、陰府という正負のパワーといえども愛には勝てないのである。これほどの愛は当然それ自体が目的であろう。ほかのための手段ではありえないであろう。子供を得るためというようなことではないであろう。エバがアダムから造られたということで男女差別という話も聞くが、これは男女は元来一つであることを示している。こういう話はそれ自体としても有意味だが、神と人との関係の比喩としてみても興味深いのである。人は仮に神の「あばら骨」から造られたとしよう。人は神なしには全体的存在としては生きえないのである。半身的存在としてしか生きえないのである。

　レビ記18章7,8節には母を犯してはならないとある。14節にはおじの妻を犯してはならない、16節には兄弟の妻を犯してはならないとある。20章17節には姉妹の裸を見、女はその兄弟の裸を見るならば、これは恥ずべき行為であり、

彼は自分の姉妹を犯した罪を負わねばならないという。またそういう人は民の前で断たれるという。つまり裸を見ることは犯すことである。罪として死を課せられるのである。いわゆる不倫はいつでもどこでも犯罪なのである。死罪ということで一段と厳しい。罪はすべてただ単に人の前でのことではなく、同時に神の前においてである。そこでそういうことが避けられないのである。ホセア4章10節では淫行にふけっても子孫は増やせないという。一旦肉欲に陥ると次第により強い刺激を求めることとなる。同じ程度の刺激では満足できなくなるからである。ここに悪魔的要因が存在する。節度が効かなくなるのである。淫行地獄に落ち込むのである。最後には当人自身が苦しむこととなる。快楽が苦痛に変じるのである。ここに神の裁きが入ってきているとも考えられる。だが節度を守っていれば性欲は正常なことであり悪いものではない。性欲に対しては中立的である。霊、心、からだを三分割はしないのである。自然的生活はそれ自体悪いものではないのである。神が造られたものでそれ自体として悪いものは何一つないのである。自然的欲求を抑えようとして、かえってそういうものに捕らえられることこそ警戒せねばならないことである。コヘレトの言葉8章15から17節、9章7から9節においては人としての自然な生活が勧められている。1章3から7節を見ても自然をも含めての人間の生活が人間のコントロールを超えていることがいわれている。人は時として自己自身をさえ、否、正に自己自身をこそ制御しえないのである。そういう情況下では、神が許される範囲で自然の生活が勧められているのである。単なる快楽至上主義ではない。自然的生活への開けと神への開けとが一なのである。後者なしの前者は場合によっては最終的には悪魔的快楽主義に陥る。そういう意味では後者が優先的であるべきだといえる。

(f) 倫理の背景としての個人と民

個人と民との関わりについて一言。イスラエル人の場合詩編の用語が"私"と"我々"との間で揺れ動いている（44,4〜7）ように、個人の人格はグループのそれと溶け込みえたといわれる[15]。これは神へのイスラエル的開放性の一特長であろう。自己が外的世界に現される啓示に対して開かれていることは、自

己以外の人々、グループに向かって開かれていることと一なのであろう。他の人々に向かって開かれ、言葉に向かって開かれ、出来事に向かって開かれ、奇跡に向かって開かれていることなどは一連の事柄といえよう。民という集団の中にあってはじめて個人はその存在を獲得しえていた情況下で、神の前での自覚は別として、個人としての自覚が現代でのような意味では十分ではなかったことと一のことであろう。これらのことはイサクが祝福したとき（創世記27,18以下）のように、その際の言葉が力を持ちその後の出来事に影響するという考えとも通じているであろう。さらに創世記46章1から5節について大略次のようにいわれている[16]。まず神がヤコブをもう一度カナンへ連れ戻すというのは彼の遺体の持ち帰りのことではなく、ヤコブが彼の子孫という形で帰還することである。次に初期のイスラエルは祖先が民族と相互に結びついていると考えており、両者を共通の運命によって支配される生の有機体として一体として理解していた。これはイスラエルがかなり長期間、死後の個人の生命の存続という希望なしでも比較的平然としえていた理由の一つである。以上である。個人は民族に属す。民族はいつまでも生存し続けている。かくて民族が生き続けていれば、その中の個人はたとえ死んでも民族の祖先の一人として生きていると信じうるのである。このことは次のように考えることとも呼応していると思う。たとえ自分が死んでも、あるいはパウロではないが同胞のため主から離されても、神が生きていたもう限り、霊的自己は生き続けているのである。そう考え信じうるのである。このことと呼応していると思う。イザヤ4章1節によるとエルサレムとユダとの審判に関していわれていることだが、七人の女性が一人の男性をとらえて自分で衣食を賄うので、名前だけ名乗らせてほしいと言うという話が出ている。女性は一様に男性の名を名乗らせて欲しいと願っている。所属なしの人間は存在しないと認識されている。個人が民族に属すと考えられていることは、具体的にはどこかの家族に属すことを意味している。個人が独立ということはないのである。こういう考えも人が神に向かって開かれていくことと一体となっているであろう。ここでいう個人の独立がないとは人間関係において他を所有しようとする悪い意味での自我の存立ばかりでなく、良い意味での個人の独立もないとの意である。これほどまでに個人と民族とは

結合している。かくて個人が律法違反を犯すと、その家族とかそれに関わったり触れた人々が断罪されることともなるのであろう。こういう考えなので旧約自体はそうではないとしても、アダムの罪が人類全体に及ぶと考えてもあながち誤りとはいいえないであろう。ただいかに個人が民族と不可分とはいえ、個人はその究極的な存在意義を民族から得ることはできないのである。民族自体も個人同様に被造物であってその意義を神から受けているからである。

　こういう問題に関連してエゼキエル18章について、大略次のようにいわれている[17]。これは個人主義をいうのではなくて、イスラエルの家の道徳的独立をいう。彼らは前の世代の行為によっても、彼ら自身の世代の罪ある過去によってさえも制約されていないのである。神は彼らが立ち帰って生きるように彼らを呼んでいる。以上である。個人尊重と全く無関係とは思われないが、イスラエルの家の道徳的独立性をいおうとしている。だが20章38節では逆らう者を分離するという。例えば個人として偶像崇拝をした人々は絶たれることとなろう。そこで個人か民族かという具合に二者択一的に考える必要はないであろう。個人主義的考えとイスラエルの家の浄化とは呼応したことであろうからである。悔い改めを実行するのは個々の人間以外にないからである。民全体としての悔い改めは考えにくいのである。構成員一人一人の問題であるからである。ただ悔い改め、立ち帰る人と分離される人とが生じてくる。もっとも分離されるとはいっているが、滅ぼされるとはいってはいない。だがイスラエルの土地に入りえないとされている。これは死ぬ（18,24）ことと同じであろう。ここのところは神の判断に委ねるほかないのであろう。陶工の自由（ローマ9,21）に人はけちをつけることはできないのである。神の決定は絶対なのである。

第2節　王と預言者との関わり、異民族との戦争などの周辺的事項

(a) 預言者の特質——イザヤ、エレミヤなど

預言者自身の特質について時代で分類しつつ考えたい。創世記27章1から

5節に関連して古代人は瀕死の人々に未来を予言する能力を帰している（創世記48,1以下、申命記33,1以下、サムエル記下23,1以下）といわれる[18]。瀕死ということはこの世から、つまり世俗界から離れつつあるわけである。そこでその分魂は霊の世界に入っていると考えてよい。かくて未来のことを知りうるので、予言する能力が備わると考えられたのであろう。パウロは「わたしは世に対してはりつけにされているのです。」（ガラテヤ6,14）といっているが、瀕死とは正にこういう情況に極めて近いといえるであろう。意識も覚めた情況にあるわけであるから。酒などによる陶酔とは異なっているであろう。創世記39章1から23節にはヨセフがファラオの宮廷役人で侍従長のエジプト人ポティファルのところでも、ヤハウェが共にいたのですべてのことに成功したとされている。世俗のことに成功することが、神が共にいることのしるしとされている。いつもそうとは限らないが、そういう場合もあるということであろう。次に預言者と軍事指導者との関係は前9世紀では協調的だったが、前8から7世紀にかけて預言者は国家的職位から分離していったといわれる[19]。列王記上21章では預言者エリヤが関わっている。アハブ王は妻イゼベルの唆しに従い別人のブドウ畑を策略で奪ったが、その悪行を悔いたので次の世代までは災いを下さないと主はいう。王でさえも神が定めた律法には従わねばならないのである。人の側での条件は持ち出せないのである。神の前では人は横一列なのである。社会的地位で扱いに差はないのである。神の前では人に自己主張は許されないのである。律法は絶対的に妥当するのである。人の生命は本来神のものである。そこで自己の生命にしろ、他人の生命にしろ人が勝手に処置できないのである。列王記下1章でもエリヤが関わっている。アハズヤ王がエリヤの言葉どおり死ぬ。エクロンの神バアル・ゼブブに言葉を求めたからである。つまり他の神を信じたからである。2節によると王は欄干から落ち病気になったとある。その治癒のために他の神に走ったのである。これはヤハウェへの不信以外の何ものでもない。そこでエリヤの預言どおり王は死ぬ。ここにはヤハウェの不寛容が現れている。微塵の妥協をも許さないのである。少しのほころびから信仰は崩壊するからである。蟻の一穴から山も崩れるからである。たとえ病気が癒えずともヤハウェへ固執せねばならないのである。信仰とは殉教である。2章19か

ら25節にかけてエリシャのことが見られる。ここには彼の行った二つの奇跡が出ている。彼が塩を水に投げ入れたら水が清くなり死も不毛もなくなったという。また彼を嘲った子供達を彼が呪うと二頭の熊が子供の内四十二人を引き裂いたという。いわば一種の奇跡を行うカリスマの担い手と観念されている。15節ではエリヤからエリシャへの霊の移動がいわれている。

　アモス以後の預言者は自分を霊の担い手とは見なさず主の言葉の宣教者と見なすが、霊という客観的現実性の脱落が言葉の預言者をしてますます自己と自己の召命に依存せしめた限り、このことは大切といわれる[20]。アモスを境に預言者の性格が変わるといわれる。霊の所有者から主の言葉の宣教者へと。どちらのタイプの預言者であれ主を信じる者は預言者を信じる。そこからさらに主を直接信じる信仰へと成長していく。いわば間接的信仰から直接的信仰へ。旧約、新約を問わず多くの人は聖書の示す信仰を信仰している。そこから直接の信仰へである。霊の所有者、あるいは言葉の所有者としての預言者が信奉されている時期が過ぎると、今度はそういう人達の残した言葉を解釈することが大切となる。これは自然なことである。かくて律法学者の時期が開始されることとなる。間接性がますます大きくなっていくのである。それと共に主なる神自体から離れていく危険もまた次第に大きくなるのである。これはアダムから世代が下がるにつれて寿命が短くなることとも軌を一にしている事実であろう。そして宗教改革とは歴史をさかのぼって原初へと回帰することを意味することとなる。

　神の霊の授与と預言者的霊感とはイザヤは例外としてバビロン捕囚までの預言者では互いの関連はないといわれる[21]。実質的には神の霊を受けたような務めを果たしているのではあるが。預言者が自己をどう認識するか、あるいは民が預言者をどう認識するかが重要なのではなくて、預言者が世にあっていわば神のエイジェントとしてどのような役割をなしているかが大切なことである。イザヤ5章9節では「万軍の主はわたしの耳に言われた。」とある。内容はイスラエルやユダが荒れるとの預言である。神が耳にいわれたというのであるから、直接神から聞いたことを意味する。預言とは文字どおり神から預けられた言葉ということである。人の考え出したものではないのである。イザヤは虚心にただ聞いているので

ある。直接聞くことによって語る者として立てられたのである。人としての判断を交えずに語るのである。1章3節では牛やろばを引き合いに出して、イスラエルの無知振りを嘆いている。それらは自然の法則に従って生きている。過不足のない生き方である。それに対してイスラエルはそういう法則に従ってさえいない。動物以下である。考え方の底にあるものはパウロのいう心に書かれた律法というものと一脈通じているのであろう。結局具体的なことを規定した律法というものも、少なくとも規定が作成された時期においては、その時代的情況の中では本来の神を信じようとする限りでは、普遍的理性にも一致したものだということである。ただ多くの場合、律法全体が守れず一部のみに固執した守り方になっていたり、要は歪んだ形での律法遵守になっているのが悲しい現実である。

　エレミヤ6章11節では「主の怒りでわたしは満たされ　それに耐えることに疲れ果てた。」という。怒りを幼子にまで注ぎ出せという。神の命令の厳しさと彼の人間的感情との板ばさみの情況におかれているのである。主への忠信と同胞への思いやりである。ここにも神の義と人の清さとの相違が現れている。後者は清さに徹し切れない弱さと一で、ない交ぜになっているのである。もし仮に徹し切れれば、死なないということともなるのであろう。36章にはヨシヤの時代から当時までのイスラエル、ユダ、諸国に関して、主からエレミヤに臨んだ言葉がバルクによって巻物に書き記されたことが出ている。そういう物語を記録された歴史として読む、あるいはそれらからある一定時期の社会的慣習を引き出そうとする必然性は見出せないといわれる[22]。歴史的説明であるかのように読むのは正しくないのである。反対に歴史が捏造されていると考える必要もない。史実より信仰を伝えたいのである。歴史を書くこと自体が目的ではない。史実への忠実さは必要条件ではない。信仰的な事柄を伝えるのが目的である。歴史的真偽を超えた信仰的真実が核心なのである。そのための企画については極めて自由である。ここに信仰は可視的な事柄には囚われないという真実の一端が示されている。心が自由に飛翔していることを示している。一方では現実的に考えつつも、他方では神への信仰によってその可視的現実を突破して、自由に構想しているといえよう。禅での「坐禅の功徳、かの魚行のごとし[23]」という言葉が示す体験と同じような要因が、背景にあるようにも思われる。奇跡物語に

ついても、こういう方面から考えてみるのも有益であろう。こういう感じ方と神への開放性とが呼応しているといえよう。

(b) エゼキエル、ダニエル、ホセア、アモスなど

エゼキエル 3 章16節以下では彼がイスラエルの家の見張りとして立てられている。そして民に警告せよという。悪人を諭せ、諭さないなら悪人の死の責任を彼に問うという。随分無茶な話にも聞こえるが、それだけ地上で神をいわば代弁している神に近い預言者は、責任が重いことを示している。13章 4 節以下には偽りの預言者のことが出ている。22章28節では預言者達が幻を見て主が語っていないのに、「主なる神はこう言われる。」と言うとでている。4 章 4 節以下では彼自身が三百九十日左脇を下にして横たわることが出ている。これは一種の象徴的行為である。こういう点に関連して預言者の職位にも仲保者的機能が最初からついており、苦難の預言者という像が前 7 世紀、6 世紀になってはじめて集中的に形成されたといわれる [24]。

さらに受難物語ではダニエル 3 章に三人の行政を任されたユダヤ人が炉に投げ込まれたが、焼けずに生きていて炉から出てきたという話が出ている。これは読んで分かるように、奇跡により受難者の正しさが公認されたことを示している。このように現世においてその義が確認されなくとも来世において確証されると信じる場合もあろう。この場合は現世ではたとえ殉教することとなっても、信仰を守り通すという覚悟が必要となる。本来からいえば奇跡などは、もとよりあってもよいが、当てにすべきものではない。当てにすべきは自己自身のあらゆる情況を受容する堅忍不抜の生死を超えた信仰である。こういう信仰とは自己とこの世とが相互に死んだ信仰である。奇跡の生起に囚われぬ信仰である。その背景は世の様が堅さを失い、軟らかくなってしまったような心境であり、また日本的には身を捨ててこそ浮かぶ瀬もあれというような心境である。信仰によってすべてを無化している人間は、人のあらゆる企てに抗しうる、少なくともそうなりうる可能性を秘めているのである。こういう究極の立場は、東洋的な無の立場と神の義とが一になった立場といえよう。奇跡を当てにするということは、場合によっては義・不義ということより世俗的利害を優先することを意味する。これは神それ

自体のゆえに神を信じることではない。義なる神ではなく得なる神を信じることである。否、神をそういう者にすることを意味している。もとより神がそういう者になることはありえないのだから、このことは神と絶縁することである。つまり神を殺してしまうことである。このように考えてみると、奇跡はどこまでも神の側からの恵みとして与えられるものであることが分かる。またそういうものでなくてはならない。その内に人の側からの願いや要求が入ってはならないのである。そういうものが入れば入るほど不純なものになってしまうのである。6章19から25節にかけて獅子の洞窟に投げ込まれたダニエルの話が出ている。ダリウス王はその夜眠らず、世が明けるとすぐ獅子の穴のところへいき、彼に呼びかけたら無事だったので喜び我を忘れたという。ここでは神が天使を送って彼を助けたということになっている。「なんとかダニエルを助ける方法はないものかと心を砕き」(15節)という言葉を考えていると、異邦人には心に書かれた律法がある(ローマ2,14)という言葉を思い起こさせる。それと同時に宗教が異なっていても、人の倫理には共通したものがあることを思わしめる。個々の宗教の内に具体化している普遍的真理は万人を引きつける要因を含んでいるといえよう。

　ホセアは祭司を拒否する。4章6節では「お前が知識を退けたので……もはや、わたしの祭司とはしない。」という。9節では「祭司も民も同じようだ。……悪行に従って報いる。」という。預言者は祭司との出会いにおいて、神の権威を持って祭司の権力と対峙するのである。神の義、その義への確信が預言者を内面的にも外からの圧迫に対しても支えているのである。イスラエル全体に神についての正しい知識が欠如しているのである。知識といっても、もとより律法に基づいたそれであろう。ギリシャ的、理論的なそれではないであろう。さらに預言者による人身攻撃的な宛先は預言者に委ねられているといわれる [25]。預言者は自己の判断で宣告しているのである。そういう自由をもっているのである。例えばイザヤ5章8節以下では富める者の横暴が断罪されている。アモス5章3節では千人の兵を出した町に、生き残るのは百人という。こういう預言者の自由は当人がそれまでの生活と切り離されて、いわば聖別されて神の側、神の領域へ連れ去られていることと対応しているであろう。

　アモス3章8節では「獅子がほえる　誰が恐れずにいられよう。主なる神

が語られる　誰が預言せずにいられようか。」という。7章14節以下では彼は自分が預言者ではなく、家畜を飼い桑を栽培する者だという。つまり職業的な預言者ではないのである。家畜を追っているところから呼び出されている。おそらく予期していない状況の中でのことであろう。人の存在を神がいわば乗っ取っているのであろう。乗っ取られていない余りの部分は残っていないのである。逆にいうと、つまり人の側からいうと、神のことを解し切れはしないので、余りが存せねばならないこととなるのである。神は人より大きい存在なので当然といえよう。人の側での選択を撥無するほど神は預言者に迫っているのである。ほかにもエレミヤ15章17節では「あなたはわたしを憤りで満たされました。」という。20章7節では「わたしは惑わされて　あなたに捕らえられました。」という。これも同様の消息を示すといえよう。

　多くの預言者が幻を見るような神秘主義的体験をしている。しかし預言者にはそれとは別に占者から来る流れがあり、その発した言葉が外的世界を変形する力がある、と考えていたといわれる[26]。ただ旧約が恍惚について語るとき、神・人間間の敷居を損なってはおらず両者の神秘主義的透入は疎遠であるといわれる[27]。預言者が預言者である限り、そういう体験は透入ではなくて、むしろ反対の効果をもたらすのであろう。透入してしまっては、預言者は神の側に属してしまい基本的には人ではなくなろう。それでは仲保者たりえないであろう。どこまでも神は神、人間は人間である。その上で対話がなされている。かくてどちらか一方が消えては対話もなくなる。モノローグとなってしまう。これは基本的にいって信仰ではない。どこまでも二即一なのである。ただ預言者の召命は幻を見ることと結びついている場合が多い。アモス7章には第一、第二、第三の幻のことが出ている。8章には第四の幻、9章には第五の幻が出ている。イザヤ6章1節には「わたしは、高く天にある御座に主が座しておられるのを見た。」という。

(c) 王の特質

　王と義との結びつきから。王（預言者と王との関わりも含む）について内容で分類しつつ考えたい。ヨシュア10章1,3節ではエルサレムのアドニ・ツェデク王の名が挙げられている。この名の後半の部分がヘブル語の義を表す語ツァ

ディク（צדיק）と関連している点が興味深いといわれる[28]。エルサレムと義ということとを関連させている点が意義深いのである。中心的な町であるエルサレムの王の名に、義なる神を連想させるツァディクが入っているのである。しかも外国の王という点がなおさら興味深いのである。エルサレムは義なる王と義を示唆する祭司の住む場所と受け取られているのである。国の根本に義が据えられていることの反映といえよう。イザヤ1章26節には「正義の都」と出ている。ただ王と士師という二つの職位は異なるレベルにあり、申命記的著作は王たちを検閲するが、士師たちはヤハウェに直接召された者として批判の外に立つといわれる[29]。士師はそれだけ神に近い者と見なされていたことを示している。さらに王については大略次のようにいわれている[30]。まず王は民の羊飼い、番人である上に救い主でもある。次に王は油を注がれて即位するが、これは同時に預言者の群れへの加入である。かくてサウルは別人のようになる（サムエル記上10,6）。このように油注ぎに際して、ヤハウェの霊が油が身体の中に染み入るように王の中に入る。そして王に超人的力を与える。以上である。油が身体に染み入るという目に見える出来事と、不可視的な霊の入り込みとを結合している点が興味深い。目に見えることで目に見えないことを表しているのである。具体的現実的に表象しているのである。少なくともサウルやダビデの時代では、外国の脅威からの民の解放は王の重要な務めであった。王は戦いの時は神の助けを受けるのである。神との協同作戦である。このことは戦いは単なる世俗の戦いではなくて、信仰の戦いでもあったことを意味している。サムエル記上12章12節ではヤハウェが王たることと、世俗の王を立てることとは矛盾する面があるのであるが、民は王を立てよと求めている。周辺の国が目に見える王を戴いている。これに対してイスラエルはそうではない。こういう事態に対して民が不安がっていることが根本にあろう。不可視のものに対しては、信頼し切れないという面がのぞいている。12章20節以下においてサムエルは王を求めることを悪と認め主に付き従うよう説いている。しかし両者は本当は矛盾するのではない。王制は主のものなのである。歴代誌はダビデのイスラエルに対する君主制をヤハウェの王制の無媒介的実現と見ているといわれる[31]。16章13節にはサムエルが油を注いだ日以来主の霊が激しくダビデに降るように

なったという。王としての油注ぎと、主の霊の降臨とは一体的に受け止められていることが分かる。だからこそ善悪の分別もあることとなっている。10章6,9節ではサムエルがサウルに油を注いだことの結果が出ている。サウルに主の霊が激しく降って、預言者たちと共に預言する状態になるといわれている。神は彼の心を新たにされたともいわれている。

　サムエル記上24、26章によるとダビデはサウルを殺そうと思えば殺せたが、油注がれた者なので殺すことは主に背くと考えて殺さなかった。それを後で知らされたサウルは悔いてダビデを祝福したといわれる。主に油注がれた者はたとえ敵でも殺さないのである。ここにはどこまでも主を重んじる態度が見られる。神が第一なのである。ただサウルもさすがで主を信じているので自己の非を悔いている。根っからの悪人であれば悔いるどころかダビデを追い続けるであろう。ここには共に主を信じているという共通の土俵がある。共通の価値観が前提となっているので、こういうことが可能といえる。もっともダビデがサウルを討とうとすればできたのに、そうしなかったことは彼の勇気と主への信頼があったことによるといえる。自己の命を賭けて主へ信頼しているのである。真の信頼とはそういうことだといえる。この話はダビデの偉さはもとより、サウルが悔いたことは彼の偉さをも表しているのである。少なくともその時には彼の心は主の許に届いているのであるから、本当に主を信じているのである。異なる神を信じている人の場合はどうなるのだろうか。異邦人には心に書かれた律法があるので、上記の両者の間でのような出来事が生じる可能性はあるといえよう。しかしそのためには互いに利害打算に囚われない心の清さが必要であろう。そういう要因によって心が曇っていると生じえないであろう。その場合は心には律法が書かれていない、ないしは書かれてはいても消えかかっているのであろう。これでは効果を発揮しえないであろう。損得勘定よりも義・不義の判断を優先することが不可欠であろう。前者は世に執着し、後者はそれを超え、自己を超え、神に通じる要因を内に秘めているのである。

　王と知恵との結びつきについて。列王記上3章16から28節では、ソロモンは子供を二つに切って二人の女に分けるという判決を下している。これについて民は彼の内にある神の知恵が裁くのを見たという。王と神とは一体でありう

ることの一例であろう。列王記下16章10から18節には祭司が王に従うことが示されている。アハズ王のダマスコからの指示どおりに祭司ウリヤは祭壇を築いたという。王は救い主なので祭司はその手足となって働いているのである。ただ知恵不足の場合も見られる。例えば歴代誌下26章16から21節にかけてウジヤ王が祭壇で香をたくことは許されてはいない。王は聖所へ入ることはできないのである。にもかかわらず入ったので皮膚病になって隔離されている。しかしこれは王としての通常の在り方ではない。歴代誌下34章33節によるとヨシヤ王はイスラエルの土地から忌むべきものを一掃し、すべての者を主に仕えさせた。彼が生きている間は主に従う道から外れる人はいなかったという。ヨシヤは宗教改革を非イスラエル人へも適用したし、その上仕えさせたというヒフィール（hiphil）形は上からの押し付けという要素を暗示するといわれる[32]。確かに多くの人々にとって自主的に正しい信仰を維持していくことは難しいことであろう。主体的ではないという問題点はあるが、現実にはこういう対策が必要であろう。

　ただ歴代誌によると王の運命は神的な報いを指示する標準的手段で、ヨアハズ以後の最後のユダヤの王達はその死と埋葬が歴代誌に記録されていない君主達であって、列王記でのその源と関連した節とを比較すれば、この省略がいよいよ明らかになるといわれる[33]。こういう省略の意図は一旦追放されれば、エジプトへにしろ、バビロンへにしろ、君主の運命について念入りに仕上げる必要がないと、歴代誌記者は思ったのであろうといわれている。また歴代誌については、個別の部族からなる完全な統一体としてのイスラエルという概念をダビデの支配と結びつけて考えているといわれる[34]。歴代誌上27章16から22節にはイスラエルの各部族を率いた者の名が出ている。十二部族として固定的なものが常時存在していたのではないようである。このことは人の側におけるヤハウェへの態度と関係している。多くの人々が背いた時には少数の人々が選ばれて新しいイスラエルのいわば核のようなものが作られるのである。人の側でのヤハウェ信仰の流動性——これは人の側での罪より由来するが——に応じて、信じるイスラエルというものもまた流動的でありうることを示している。このことはノアの箱船の話において、信仰深いノア一族から新たにイスラエルが形

成されたことと、軌を一にしている事態といえる。出エジプトの過程で多くのイスラエル人が偶像崇拝のために滅ぼされたこととも。イスラエルの民の中に属していれば安心ということではないのである。歴代誌は王が人であるという事実を強調しており、君主制の神格化はなされていないといわれる(35)。現代的観点から見れば民主主義的で大いに結構ということとなろう。こういう事情は次のようにいわれている事実(36)とも関係しているであろう。申命記的著作は罪の告白でありそのために王の歴史全体を利用、一方歴代誌記者はダビデが基礎づけた祭儀上の職位の正当化のためメシア伝承の担い手として王を登場させつつ書いた。以上である。

　王による政治に関連して。詩編2編9節では「お前は鉄の杖で彼らを打ち陶工が器を砕くように砕く。」という。これは8節で「地の果てまで、お前の領土とする。」とあるように、王による広範囲の支配を主が告げている言葉である。王はその言葉に従って統治することとなるのである。ただ神の定めた律法に従うことは王にも必要なことである。それに基づいて主に逆らう者を打つのである。詩編110編4節では王は「あなたはとこしえの祭司　メルキゼデク（わたしの正しい王）。」といわれている。王は祭司でもあるのである。5節には「怒りの日に諸王を撃たれる。」という。主が撃つのである。王はいわばその地上での代行者である。イザヤ11章1節には平和の王として若枝が育つといわれる。2節ではその上に主の霊が留まるとされる。この霊は知恵と識別、思慮と勇気、主を知り畏れ敬う霊である。かくて王は霊で満ちているのである。一方、申命記17章18節以下では王に関する規定が見られる。「祭司のもとにある原本からこの律法の写しを作り、……生きている限り読み返し、神なる主を畏れることを学び」という。王が律法を守るように求めている。王に対する認識の相違が見られる。前者では王は霊に満ちているのであり、律法を守れとはいわれてはいない。霊は律法の主体のようなものだからである。こういう点とも関係して大略次のようにいわれている(37)。まず一つの人格は別の人物の中へ延長しえた。そこで預言者と神との間、使者と彼を送った王との間での相違は知覚されていなかった。このことと平行して、イスラエル人は通常のことと奇跡的なこととの間の相違を知らなかった世界の中に生きていた。またいかなる

対象、出来事も神秘的な諸力を持って生きており、神的力の表示の機会となりえた。以上である。預言者が自己と神との相違を知覚していなかったことは、パウロがキリストがわたしの内で生きている（ガラテヤ2,20）といっていることとも、彼もユダヤ人なので連なっているであろう。異なった人格間が融通しているという事実は、いわゆる西洋よりも東洋的、仏教的なものの感じ方に近いといえるのではないかと思う。だがさらにその上に神への信仰が入ってきて、個というものが自覚されるのである。信じない者もいる情況の中で、信じる自己というものをいやがうえにも自覚せざるをえないであろう。

(d) 民の罪

　民は主に聴かないという罪について時代順に分類しつつ考えたい。エレミヤは38章17節以下においてバビロン軍に降伏するようにゼデキヤ王に主の言葉を伝える。王はそれに従わず、28節にあるようにエレミヤを監視の庭に留め置いた。王は19節にあるように、脱走したユダの人々に引き渡され、なぶりものにされるのを恐れたのである。自分の身の安全を自分で確保しようとしてかえって墓穴を掘ったのである。自己の存在を主に任せることができなかったのである。自己を手放すことができないのは罪ある人の宿命であろう。エレミヤはさらに26章2節以下によると、律法に従って歩まねば神殿がシロのように、都が地上のすべての国々の呪いの的となると預言する。それに対して11節によると、祭司、預言者たちはエレミヤが都に敵対する預言をしたので、死罪に当たると高官、すべての民に向かっていったのである。これによると、いわゆる預言者と真の預言者たるエレミヤとは異質たることが分かる。前者はいわば職業化した人々なのであろう。世俗の組織の中に組み込まれているのである。そのことによって預言の精神を失っているのである。山から切り出した岩をそのまま入れる器は世俗界にはないのであろう。いわゆる宗教家も共に堕落していることが分かる。18章21節以下では主に背く民について預言する。民が彼を捕らえようと落とし穴を掘り足もとに罠を仕掛けるという。それに対して、民の子らを飢饉に遭わせ彼らを剣に渡してくださいと主に嘆願する。たとえ同胞といえども事ここに至っては、民について呪いの預言しかできないのであろう。悪

とそれを実行する者とを分けえないのである。真の預言者である彼は神と霊的一体を保持している。にもかかわらずそういう彼にそういう態度を取ることは、即ち神に敵することである。これはもう死の宣告に値するのである。人には罪があるので神信仰に徹するのは極めて難しい。このことは真の預言者であれば誰もが認めることであろう。創世記37章18から36節にかけてのヨセフの話に関連して、預言者がその言葉の力を自身の個人的実存と結合したので迫害を受けたのだが、これは即ち背後に潜む神の力への反抗であるといわれる[38]。兄達がヨセフの見た夢ゆえに彼を憎んだことに、呼応していわれていることである。預言者一般についても同様の事情を見うるのである。言葉の力と実存との結合は、自己の中に神の力が宿っていると考え、語ったことを意味する。イエスもそうである。「わたしを見た者は、父を見たのだ。」（ヨハネ14,9）という。本当に信じようとする人、信じた人はそうであるほかないであろう。古今東西、宗派を問わずそうであろう。

　エゼキエルも例外ではない。20章によるとイスラエルは出エジプト以来カナン定住後も何度となく主に背いた。その度に主は例えば「わが名のために」（22節）民を滅ぼし尽くすのを控えて来たのだった。39節には「おのおの自分の偶像のもとに行き、それに仕えよ。」とまでいう。もっともその後で民は必ず立ち帰ると述べている。44節では「イスラエルの家よ、お前たちはわたしが主であることを知るようになる」という。かくて最後には神の義が勝利するとの宣言である。当然といえば当然であろう。いずれにしても神がいかに忍耐強いかを示している。神の忍耐によってこの世界は存しえているようなものであろう。11章13節によるとエゼキエルの説教の間にペラトヤという名の人が死ぬ。33章23節以下によると民は偶像崇拝をしたり、剣を頼んで忌まわしいことをしている。こういう生活を送っていると、先にあるように彼の話に接して死んでしまうのである。それほどまでに神の言葉は力強いし、また畏るべきものだということが告げられている。神の言葉は人の生死を決めるのである。真に神を信じればその時点で被造物すべてが無に帰しているのであるが、そういう無の中で神の言葉だけが異彩を放っているのである。唯一力を有しているものである。先の記事は、悪は神の言葉に接すると、直ちに死の宣告を受けることの象徴的

出来事といえる。無と神の言葉との二つがリアリティのあるものといえる。無は一切の半端なリアリティを撥無するものとして、リアリティを有しているのである。エゼキエルではイスラエルの人々は反逆の家とまでいわれている。例えば2章5節では「彼らが聞き入れようと、また、反逆の家なのだから拒もうとも」という。反逆ということで、民の主への背き振りへの絶望が吐露されている。そういう民に対して6節では「蠍の上に座らされても、彼らを恐れてはならない。」という。命を捨てて神の言葉を語れという命令である。「自分の命を得ようとする者は、それを失い、わたしのために命を失う者は、かえってそれを得るのである。」（マタイ10,39）ということである。身を捨ててこそ浮かぶ瀬もあれという事態が背景にあるであろう。ただこの場合は何のためにそうするのかが、いわれているわけではない。その点が異なる。先の場合は神の言葉を語るという使命に関していわれていることである。ただ無になっているというのではない。目的は極めてはっきりしている。これ以上ないほど明確である。神が目的であるから。神に向かって命を捨てて、再び神から新しい命を給わっているといえる。これは永遠の命ともいえるし、復活の命ともいえよう。

　エゼキエルが現代的な目で見ても合理的な面を有していると思われる点を見ておきたい。13章で偽りの預言者を批判していること。彼らは自分勝手な幻を見てそれによって預言するという。神秘主義的体験はそれ自体としては人に属すものであり、決して神に直結するのではない。真の預言者もそういう体験をしている。そこでそれ以外の要素が、真の預言者か否かの決め手である。3章9節では「あなたの額を岩よりも硬いダイヤモンドのようにする。……彼らを恐れ、彼らの前にたじろいではならない。」という。いかなることも恐れるなということである。神を信じて心の中ではすべてを捨てていて、はじめてこういう要求に応えることができる。イスラエルがエジプト脱出の決意をしたときと同じ情況といえる。人の側に属すものはすべて消えている。人の存在全体が神の霊によって占められている。見えない神を信じている。「見えないものに目を注ぎます。」（第二コリント4,18）ということと軌を一にしている。可視的世界を超えて既に神がすべてを司り、支配している世界に入っているといえる。神的世界に入り、生死を超えている。したがって死んで既に甦っている。だから

こそエゼキエル37章でのように枯れた骨の復活ということをも語りうるのである。可視的世界に存していると思われるような法則的なもの、常識的なもの、普遍妥当的なものはすべて一旦止揚されているといえる。そういう意味では、天地創造以前のところへ立ち帰っているといえよう。この点禅は神が「光あれ。」と言う以前のところに関心を持つというが、類似の要素を見て取れる。そういう意味では、つまり可視的世界が一旦無に帰しているという意味では、彼が神の下でいわば自由に世界を創造しうるとでもいいうるような心境にあったといえよう。これは陶工の自由（ローマ9,21）ということを思い起こさしめるのである。エゼキエルをパウロと比較して大略次のようにいわれている[39]。エゼキエルで見出したことをパウロは世界の出来事という彼の概念にはめ込んだ。まず個々の律法に妥当することをその全領域へ、若干の世代に妥当することを彼までの全世代へ、可能性として妥当したことを必然性へと移したのである。次に律法は全体として満たされる必要があり、かくて満たされないと人を呪いの下におくと考えた。以上である。律法によってイスラエルの内の何人かがかたくなになったかも知れない。それをパウロはイスラエル全体がそうなったとしているという。しかしかたくなになる可能性あればこそ、キリストにおける救いが不可欠ではないのか。可能性を必然性にしているというが、キリストの出来事から考えると、可能性が必然性になった時点、場に立って考えることになるのである。必然性になることがないのであれば、キリストの救いは不要となる場合もあるであろう。

　ホセア9章7節には「お前の不義は甚だしく、……預言者は愚か者とされ、霊の人は狂う。」という。預言者は神に直結しているので真実を叫ぶ。そこで人には誰にも心に書かれた律法があるので、それを刺激する。挙句にこういう事態を招くのである。民は自己の行為が心の律法に反することを無意識の内にではあっても感じているのである。さもなければ預言者の言葉にさほど強い反応を示すこともないであろう。ただそれを真っ向から取り上げる覚悟が欠如しているのである。良心が弱いのである。10節以下にはペオルとギルガルにおける罪に関する預言が出ている。11節では「もう出産も、妊娠も、受胎もない。」という。12節では「たとえ、彼らが子供を育てても　わたしがひとり残らず奪い

取る。」という。かくて子孫はもう今後はなくなるが、仮にそういうことがあっても、奪うのは主であるという。絶滅である。もしそういうことであれば、14節にあるように「彼らに与えてください　子を産めない胎と枯れた乳房を。」ということとなるのであろう。産んでも後で神自身によって奪われるのなら、むしろ産まない方がまだしも悲しみが少ないからであろう。親より子が先立つ不幸は親には耐えがたいのであるから。以上はいわば預言者と民との相互反発であるが、そういう民なればこそ神から裁きが下るのである。神は世界の中の出来事において例えば裁きとして働いておられるのである。神はこういう仕方でもハーヤーするのである。目に見える現象とか人の意識の働きとか、要は可視的世界の内の何かと同一視されるような形で神は認識されるのではない。あくまでそういうもの、ことの原因者として働いておられるのである。そういう仕方で不可視の神が可視になっているのである。4章2節には「呪い、欺き、人殺し、盗み、姦淫がはびこり　流血に流血が続いている。」という。民の悪徳が列挙されているが、現代のような民主主義的社会ではないので、王制であれば時の王がどういう人格かによって民は大いに影響を受ける。王が徳に富んでいれば国土の隅々までその徳は行き渡るであろう。反対に王が不徳ならその不幸な影響はまた全土に及ぶであろう。ローマ皇帝がキリスト者になると、全土がそうなるようなものであろう。かくて預言者としては、王を主の道に歩ませることは殊のほか重要であったであろう。万人にも値する一人の人であろう。民を立ち帰らすにはまず王からであろう。いずれにしろ人にとり罪は不可避である。バベルの塔やノアの箱舟の話はこういう罪の展開から来る結果を示すものであろう。そういう点から見るときノアの箱舟の前後で人の食物が変わっていることも興味を引く。後では創世記9章3節には「動いている命あるものは、すべてあなたたちの食糧とするがよい。」という。前には動物の肉については語られていない。新たなる救済史の始まりを暗示しているのである。ただ罪の展開をアダムからの直線的、連続的な線と考えない方が適切であろう。というのもアダムの話は旧約の他の個所で重視されている様子は見出しにくいからである。やはり今現在の罪の告白の一要素と考えるのがよいのであろう。

(e) 異民族との戦争

　異民族との戦争について内容で分類しつつ考えたい。まず出エジプト14章26節以下によるとモーセは手を海に向かって差し伸べている。それによってエジプト軍は海のもくずと消えたのである。主の指示どおりに彼はしただけであった。主役はヤハウェなのである。これは自分達の生死、生存を主に託して戦っていることを現す。神の世界も人の世界も元来一つであるような世界に最初から人は生きているのである。近代以降では神を信じるには自我崩壊が不可欠だが、それとの関連はどうなるのか。当時の世界は自我が確立されていない、自覚されていない、未成熟な世界ということなのであろうか。神へ向かってはある意味で心が開かれている。一方、他の人間に対しては争いもあるのだから閉じられているのである。現代人は一般に双方に対して閉じられている。かくて自我崩壊すると同時に双方に対して開かれるのである。ここではかくて全閉から全開へ、古代では半開半閉から全開へとなるのであろう。申命記1章26節以下によるとアモリ人の山地まで来たとき、主の命令に逆らって攻め上らなかった。一方、41から43節によると、逆に自分達の力を信じて攻め上ったのである。その結果惨敗を喫している。いずれの不行動も行動も主への信頼を欠いたり、自己への信頼に依存したりしている。自業自得なのである。7章16節には「主があなたに渡される諸国の民をことごとく滅ぼし、彼らに憐れみをかけてはならない。」という。地上から完全に抹殺せよとの命令である。ここまで来ると人間の行いの次元を離れていると感じざるをえない。和睦するのが普通である。勝てば相手を奴隷として使うこともできるのであるから。ただ宗教的、信仰的純粋さを維持するにはここまで徹底しなくてはならないのである。神への信仰が問題である場合は、隣人への憐れみどころではないのである。その隣人に異教的要素が見られない場合は別であろうが。神が第一の問題、人のことは第二である。20章14節以下には降伏に応じない町について、男は殺すが女、子供、家畜、町の中のものを分捕り品としうるが、ヘト人、アモリ人、カナン人、ペリジ人、ヒビ人、エブス人など六民族は聖絶せよという。こういう扱いの違いは、彼らのイスラエルへの影響を考慮しているからである。先のような扱いをしうるのは「遠く離れた町々に対してであって」という。やはり主への信仰が

まず考慮されていることが分かる。

　ヨシュア6章のエリコ占領を見ていると、異民族との戦争は人と人との戦争ではなくて、神と神を信じていない人々との間の戦争という印象が強い。神が主役である。神はその強い意志と力とでもって自己のプロジェクトを推進するのである。いかなる者もその前に立ちはだかることはできないのである。人間は脇役である。ただその脇役に徹するのが難しいのである。現代での映画の撮影でもそうであろう。だれもが主役を演じたがるのである。だがこの際イスラエルにそういうことは許されないのである。「生きるにも死ぬにも、わたしの身によってキリストが公然とあがめられるようにと切に願い、希望しています。」（フィリピ 1,20）ということに通じていることであろう。人は代行者に過ぎない。たとえ一時的に戦いに敗れても、敗北もまた神の意志の代行ということで、民にとっては慰めがあるといえる。神のための戦いだから、たとえ死んでもすぐにではないとしても、いずれは天にいます神の許に召されると信じうるのである。7章1節以下にはアカンという人の罪が出ている。滅ぼし尽くすべき物の一部を盗み取ったのである。アカン一族のように主の民でさえ、主の命に背くと滅ぼされるのである。主の命は文字通り絶対なのである。しかも神の言葉は一度発せられたら、その内容は実現したも同然なのである。かくて神が約束した土地は今はたとえ異民族が住んでいても、既にイスラエルのものなのである。そこで主を信仰していない異民族を聖絶して、その土地から汚れを除けということとなるのである。こういう考えは人が生きている、否、生かされていること自体がその周囲の環境をも含めて、神の摂理の下にあるという考えに通じているであろう。聖絶は主の命によるにしろ現実にはイスラエルの人々が実行するのである。そこで彼らは人の生命がいかにはかないかを身に沁みて知ることができたであろう。女性、子供、さらに幼い子供まで皆殺しにするのであるから。かくて自分たち自身も場合によっては、事実部分的にはそういうことが起きたが、堕罪すれば滅ぼされる可能性があるのであるから。いかに主の命とはいえ幼い子供まで殺すのは人としての行為を超えている。人ではなくなってはじめてできる行為であろう。つまり自分はたとえ主の僕ではありえても、人ではなくなっているという自覚を持たされることであろう。そういう自覚が神の全知全能を信じたり、奇跡を信じたりということと結合して

いるのであろう。また既に人ではなくなっているのであるから、もはや死もないであろう。幼い子供を殺すという行為は自己をまず殺してからでないとできる行為ではないであろう。いわば心に書かれた律法を殺してからである。そういう律法を殺すことは正に自己を殺すことである。なぜなら義か不義かという問題は人間にとって究極の問題であるからである。しかるに自然的人間の判断としては、いくら何でも幼い子供まで殺すのは正しいとは思われないのに、主の命により殺さねばならないからである。ここでは主の命に従うか自己の良心に従うかという岐路に立たされることになる。両者は一致しえない。にもかかわらず主の命に従うことにより、自己が全面的に死んでいることが顕わになるのである。だからモーセにしても死んで埋葬されたと淡々と書かれているだけなのかも知れない。死ぬ前に死んでいるのである。そういう死に方をしているのはモーセ一人だけではない。全イスラエルの民が基本的にいってそうなのである。さもなければイスラエルの民の一人ではありえないのである。ある意味で超人になっているのである。否、ならなければならないのである。神を信じることは"人"を超える一面を含んでいるからである。8章25節以下には「その日の敵の死者は……アイの全住民であった。ヨシュアはアイの全住民をことごとく滅ぼし尽くすまで投げ槍を差し伸べた手を引っ込めなかった。」という。11章11節には「息ある者を一人も残さず」とある。これらも同様の消息を示している。20節には異民族の心をかたくなにして、イスラエルと戦わせたのは主であるから、彼らは一片の憐れみを得ることなく滅ぼし尽くされたという。聖絶にはこのように主によるいわば下準備があったのである。異民族の側から和平の申し入れはなかったのだから、滅ぼし尽くす以外選択肢はなかったのである。

　サムエル記上15章10節以下によると、兵士が主への供え物にしようと羊と牛の最上のものを取って置いた（15節）ことさえ許されていない。22節にあるように「聞き従うことはいけにえにまさり　耳を傾けることは雄羊の脂肪にまさる。」からである。滅ぼし尽くさなくてはならないのである。寸分の妥協もないのである。現実的に存在しなくしてしまうことが要求されている。罪あるものは原則的に死なねばならないのである。人間なら生かしておくと、そこから異教的なるものが広がる危険があるであろう。だから滅ぼし尽くすことは理解

できる。しかし家畜まで殺し尽くすとは。家畜自体に異教的なるものを広げる力は存してはいないのに。ただそういうものを残すことによって、イスラエルの民の側に潜在的に存している罪的要因に火がつくことが懸念されるからであろう。民の側に主に従うことが正しく守られることの確実性さえあれば、家畜といわず敵兵を捕虜として生かしておくことも支障はないであろう。しかるに聖絶命令が出ていることは、民の側に堕罪する危険ありと主が察しておられるからであろう。事実堕罪したのである。したがって残すことにおいて真に問題となるのは、自己の側における罪への傾向ということとなるであろう。朱に交われば赤くなるといわれるが、そういう朱は元来自己の側に存しているものなのである。かくて聖絶とは自己の側にある罪的要因に火がつかぬように、火元になりうるものを消してしまうことを意味するのである。

　哀歌 4 章10節によると女が自分の子供を炊いたという。またエゼキエル 5 章10節によると親が子を食べ、子が親を食べるという。これはエルサレムの違反に対しての神の裁きとして町が敵に包囲されたとき生じることである。それに関連してイザヤ10章12から19節にかけてアッシリア王の驕りとそれへの裁きが出ている。王が自己の強さの源泉を忘れて自己陶酔しているからである。15節にあるように、斧がそれを振るう者に対して自己を誇っているようなものである。かくて24節以下にあるように、アッシリアを恐れるなと主は言われるのである。平家物語ではないが驕る者は久しからずなのである。傲慢のために神を見失うのである。アッシリアに限ったことではない。神は全地の神たることを忘れてはならないのである。詩編 8 編 2 節によると「あなたの御名は、いかに力強く　全地に満ちていることでしょう。」という。かくて全世界が主の力の及ぶ領域なのである。しかしこういう理解は当時としては決して一般的ではなかった。周囲の民族を考えた場合、単一神教的であった。異民族の国々ではそれぞれの神々が礼拝されていた。イスラエルは原則的には唯一神教的だったので、国の内外を問わずそういう考えとは戦うほかなかったのであろう。これは人が真に自己を無にしうるかという問題とも関連している。そうなりうるには自己の信じる神の支配領域が自国内に限定されていては不十分である。是非とも全天地を神は支配せねばならないのである。半端な神は半端な自己無化と、全的な神は全的な自己無化とそれ

ぞれ対応しているのである。

(f) 国内外の混乱

イザヤ9章19節以下では「だれも皆、自分の同胞の肉を食らう。マナセはエフライムを、エフライムはマナセを　そして彼らは共にユダを襲う。」という。これは北イスラエルへの審判としていわれていることである。これは内戦を示している。内戦は誠に不幸な出来事であろう。同じ神を信じ、同じ血を引く同一の民族が相分かれて戦うのだからである。信仰的に乱れるとこういう不始末に陥るのである。内面的、道徳的堕落は不可避的に政治、経済的混乱を招く。内面的情況と外的情況とは連動しているのである。自己をさえ治めえない者が国を治められるわけがないとよくいわれるが、先のこともこのことを反映している。民、中でもその上層部の堕落、それへの神の怒り、内戦の悲惨、これら三者は一体であろう。こういう情況にあっては神への信仰を確立していないと、詩編17編12節で「待ち伏せる若い獅子のようです。」とあるように、世俗の世界を支配する悪魔的霊の犠牲にされるのである。いわば悪魔にその魂を売った人間が獅子にたとえられている。旧約は世の現実をよく知っているのである。真の信仰があればそういう悪人達の滅びを先取りして、その向こう、彼岸に立つことによって、今既にそういう情況を克服しているといえるであろう。ここに信仰の独自性があるといえよう。敵を勝たせるわけにはいかないのである。敵の勝ちはそのまま悪魔の、神の敵対者の勝ちを意味するからである。こういう点は預言者においては徹底しているといえる。彼は世における神の代弁者である。神のエイジェントである。かくて彼自身の生き様が神の威光を放射しているのである。当人の生き方は神への信頼と一なのである。それほどまでにその生は純粋なのである。他のものによって汚染されていないのである。当人の生の中心が信仰にあることを顕わにしている。中心がどこにあるかが問題なのである。中心の在り処によってその他の周辺的な事柄の性格も決まってくるからである。

このように信仰の混乱は国内的に、また対外的にも問題を引き起こすのである。ここでヤハウェの支配が全地に及ぶことについて考えたい。アモス2章1

から 3 節ではエドムの王の骨を焼き灰にしたのでモアブを赦さないという。異民族にまで裁きを及ぼしている。絶対的な神の意志が全民族に適用されるのは当然であろう。何の不思議もない。現代的な目から見ればそうであろう。ただ当時としてはそれほど簡単ではないであろう。そのように考え、信じるのは勇気のいることであったであろう。神の意志に基づく倫理観はただイスラエルの中だけで有効としたのでは、結局倫理観も神の意志も神の絶対性も崩壊するからである。人間によるそれらの根拠付けなどは問題外である。すべての人間的なるもの、知情意を超えて神の意志はそびえていなければならないのである。霊的自由とはこのように人間的次元を突破したところに存している。これは信仰が可視的次元を超えていることと平行している。そうであってこそそれは人にとって依るべきところとなりうるのである。そういう意味でモアブにもイスラエルで有効な法は及ばねばならないのである。きわめて切羽詰ったところからの告白といえるのである。余裕を持って異民族に及ぼしているのではないのである。切羽詰った情況の中でこそ霊的自由はその輝きを放つのである。民数記14章15節以下にはイスラエルが約束された土地に入る前に滅ぼされれば、諸国民はそれはヤハウェの無力の結果だと考えるであろうという趣旨のことが出ている。17節ではモーセは主の力を信じていたので力を現すように嘆願している。天地創造にしても、葦の海を渡ったことにしても、白骨が生き返ったことにしても、神は現実的な力を持つ存在として観念されている。このように信じない限り信じたことにはならないのである。偶像崇拝などをしている場合、囚われのない判断が妨げられるのだと思う。そのため結果として異民族との戦争でも敗れることになるのではないかと思う。いつもそうとは限らないとしても、この世を超えた神を信じていれば、そういう人の心は世から出ている。そこでその分世に対して囚われのない判断ができる。その結果戦争にも勝てるのであろう。あるいは敗れるような戦争は避ける可能性が高くなろう。もとより人は完全に世からその心が離れ切っているのではない。そこで敗れることもあろう。それはそれで反省の材料になってよいのではないかと思う。こういう点は古代でも現代でも同様であろう。真に神を深く信じれば信じるほど、心は神と人との間の中間物、媒介物を含めての世から離れよう。このように考えると、当時

において神を信じることと世において栄えること、あるいは長く生きることとを一体として考えていたことが多少とも理解しうるのである。

　旧約において、定住したイスラエルにとって、大して意味のないアマレク人ほど滅亡を宣告されている民族はないが、ここには初期対立における憤怒の名残が見られるといわれる[40]。確かに申命記25章17から19節にかけてアマレクを滅ぼせという主題で旧約は書かれている。歴史が非常に重い意味を持っていることが分かる。サムエル記上15章3節には出エジプトの際アマレク人が妨害したことの罰として、サムエルはサウルにアマレクに属すものは女、乳飲み子、牛、羊まで滅ぼし尽くせと主は言うと伝えている。妨害をした民族への罰としては理解しうる。神の愛、悔い改めへの勧めが一般には告げられているが、一方ではここまで厳しい裁きを命じている。当時としてはさほど珍しいことではないのかもしれないが、ここまで徹底するのは人にはなし難いことではなかろうか。事実14節によると兵士が羊、牛を戦利品として持ち帰っているのである。22節によると主は捧げ物、いけにえをではなく、主の御声に聞き従うことを喜ぶという。人の勝手な判断でヤハウェを喜ばせようとしてはならないのである。聞くことと聞いたことの実行とは一でなくてはならないのである。人の自我は両者の間に隙間を作ってしまうのである。丁度創世記3,1において女に対して蛇が「園のどの木からも食べてはいけない、などと神は言われたのか。」と問い掛けているように。神の命令に聴従することが大切である。人の判断——これには人の自我が前提になっているが——を捨てておかなくてはならないのである。サムエル記上22章19節には祭司の町ノブについて、実際に男、女、子供、乳飲み子、牛、ろば、羊も剣にかけたという。それにしても人としての情を断つことが要求されている。

　エゼキエル26章2節以下によるとティルスはエルサレムを嘲っているので裁きが下るという。26章7から14節と29章17から21節とについて大略次のようにいわれている[41]。まず前者の預言にある裁きの遂行の失敗は後者でのティルスへの彼の告知を最新にするように強いた。その際不成功とはいえティルス攻撃の労苦に対し主がバビロン王に報いたのである。次にエゼキエルはヤハウェが変化する歴史的情況に自己を適応させるのに自由だったと信じていた。

さらにヤハウェの信実と自由との逆説的肯定において、彼は新しい世代に主の言葉を適用することを、彼にとって可能とした解釈学を表明した。以上である。前者の預言ではティルスはバビロン王によって占領される筈であった。だが後者の預言ではティルスの代わりに王はエジプトの土地を得ている。こういう情況については神の言葉が正しかったのかという疑問が生じよう。これに対して、エゼキエルの観点からすると、文字通りの一対一の成就は求められてはいなかったので、主の言葉は成功だった。神がいつか同様なある仕方で裁きを実行すればそれでよいのである。いわれているとおりにならなくてもよいのである。神への信頼が第一なのであろう。何らかの形で同様なことが生じていればよいのであるからである。神は自由なのである。神の主権にはだれも口は出せないのである。人の判断よりも神のことを第一にしたのであろう。神を疑わなかったのである。神への無条件的共鳴が感じられるのである。彼の心身は全的に神の意向によって貫かれているのである。25章7節によるとイスラエルへの嘲りの思いに満ちたことへの罰としてアンモンは諸民族の中から滅ぼされるという。それによりヤハウェが主であることを人々に知らせるのが目的である。どこまでも神中心的である。以上のような点から見ると神の開示性と人の神へ向けての開放性は別々に存しているのではないことが分かる。前者なしに後者なく、反対に後者なしに前者なしである。一つの事象の表裏に過ぎないことが分かる。

　だが他民族に厳しいばかりでもない。士師記1章28,30,33節によると、イスラエルはカナンへ移住後先住民族を追い出さず強制労働をさせたという。そうすることによって経済的利益をあげえたからであろう。人はパンのみにて生きるのではないのにその逆をしたのである。2章1から5節によるとこの地の住民と契約を結ばず、住民の祭壇は取り壊せという主の御使いの指示を無視した。その後民は声を挙げて泣いたという。世俗の利得を生きることと神への忠信に生きることとは二律背反であることが分かる。サムエル記上13章20節ではイスラエルは農具などを研ぐことをペリシテ人に頼っていたことが出ている。しかも19節によると、ペリシテ人がヘブライ人に剣、槍を作らせてはならないと考えたからだという。生活の全領域をカバーしなくてもよいと感じていたのであろう。完全自給自足的体制は考えていなかったのであろう。しかし信仰が

唯一神教的になるにつれそういう体制が不可避となったであろう。他の民族と交わると偶像崇拝が入ってくるので、そういうことを避けるのと平行しているであろう。神への開放性が拡大するのに伴って信仰的には一面では逆に狭くなっていくのであろう。エズラ記 6 章21節以下によると、捕囚から帰ってきたイスラエルの人々もその地の諸民族の汚れを離れて来た人々も皆、過越のいけにえに与かったという。ヤハウェを信じようとする限り、異民族の人々をもイスラエルは受け入れたのである。神を信じようとする限りでは民族の差はないのである。神の前では男も女もないのと同様である。また22節ではアッシリアの王が神殿再建を支援したことを喜んでいるのである。このときばかりはアッシリアの王が天使のごとく見えたかもしれない。宗教が異なるのに支援したのであるからである。だがしかし異民族に対して妥協的になると、どうなるのであろうか。エゼキエル23章36節以下によると、オホラとオホリバという二人の女性が、偶像崇拝の結果、人身供養までしたという。国が立ち行くには外の勢力と結ばざるをえないこともあろう。しかしそれをするとこういう結果になるのである。そして結局国が滅ぶのである。神にのみ信頼することが現実にはいかに難しいかが分かるのである。

(g) バアルへの反対

バアルへの反対について時代で分類しつつ考えたい。まず列王記上 18 章によると預言者エリヤはカルメル山で四百五十人のバアルの預言者、四百人のアシェラの預言者と対決した。彼らはバアルの名を呼んだり、祭壇の周りを跳び回ったり、剣や槍で体を傷つけ血を流すまでに至った。だが何の兆候もなく牡牛の下に置かれた薪に火はつかなかった。そこでエリヤは彼らを嘲った。「神は不満なのか。それとも人目を避けているのか。旅にでも出ているのか。恐らく眠っていて、起こしてもらわなければならないのだろう。」(27節) と言う。大変な皮肉である。実に八百五十人の敵と対峙したのである。並大抵の勇気でできることではない。そしてエリヤの言葉どおり、主の火が降って捧げ物などを焼き尽くした。最後にエリヤの命令により彼らは全員捕らえられ殺されたのである。こういうことは人間的、人間主義的なものすべてを脱落させていないとで

きないことであろう。アブラハムが妻サラの高齢にもかかわらず、神の言葉を信じたことに通じているであろう。神がすべてなのである。21章にはサマリアの王アハブがその妻イゼベルの策略に同調して、イズレエルの人ナボトのブドウ畑を奪ったことが出ている。そこでエリヤはアハブを「あなたは自分を売り渡して主の目に悪とされることに身をゆだねたからだ。」（20節）と非難した。このようにヤハウェ信仰は正義と公正に固執することと一のことである。このことは義なる神という一語に凝縮されている。列王記下23章20節によるとユダの王ヨシヤはサマリアの町々にある高台の神殿をすべて取り除くに当たって、祭司を一人残らず祭壇上で殺し、人の骨をそこで焼いたという。異教の祭司は特にイスラエルにとって危険だからであろう。ここにも徹底振りが伺われる。不徹底だとそこから自分たち自身の信仰にほころびが生じるからであろう。絶対的な神を信じることがかかっているのでこうなるのであろう。相対的世界の中に絶対的なものが入ってくるからである。多神教的であればこういうことはないであろう。

　列王記下16章3節によると、ユダの王アハズは主に背いてバアル崇拝を行い、自分の子に火の中を通らせるなどしている。そういう王に対してイザヤ7章4節によると、アラムを率いるレツィンとレマルヤの子が激しても弱気になるなと主はいわれる。犠牲をささげることは弱気を意味するからである。見えざる神を信じることは、目に見える情況や人の計らいに左右されないことである。見えない神を信じることは見えない天に心があることを意味する。エレミヤ7章4節には「主の神殿、主の神殿、主の神殿という、むなしい言葉に依り頼んではならない。」という。また9節以下では「バアルに香をたき、知ることのなかった異教の神々に従いながら、わたしの名によって呼ばれるこの神殿に来てわたしの前に立ち、『救われた』と言うのか。」という。バアル礼拝をしつつ主の神殿に来ても無意味なのである。31節には息子、娘を火で焼いたという。人身供養までしているのである。主の定めに背くことは明らかである。さらに26章7節以下ではエレミヤが神殿がシロのようになるという預言をしたら、祭司、預言者、民のすべては彼を捕らえたのである。神殿も聖域とはなりえないのである。エレミヤはアヒカムによって保護されているが、同じよう

な預言をしたウリヤは殺されている。こういう情況と関連してエゼキエルは神殿の中での安全の保証を見ていなかったといわれる(42)。真の預言者たることは命がけということである。彼にとっては自分の命よりも主の言葉が重いのである。それ以上に重いものはないのである。主が重いのでその言葉が重いのである。神も場合によってはその民イスラエルに甘いのかもしれない。だが命をも超えて重いとは甘いとか辛いとかという次元を超えている。甘いとは一が他を対象的に味わっているという関係である。命をも超えた大切さとはそういう次元ではない。預言者はそういう体験をした時点で、既に人の側ではなく神の側に立っている。文字通り聖という分けられた存在になっているのである。

　バアルとの争いが生じた事情については大略次のようにいわれている(43)。まずダビデ時代に国家は四方に拡大した。その結果、ヤハウェ宗教とバアル宗教との対立は国内問題となった。だが王国時代に宗教混交が生じ、アッシリア時代、バビロニア時代には外国の祭儀が喜んで受容された。タンムズ、シャマシュ、イシュタルなどである。これらの神々がエルサレム神殿にさえ祀られたことは列王記下23章4節以下、エゼキエル8章7節以下がいくらか示す。以上である。エゼキエル8章はエルサレムの堕落を扱っているが、11節以下によると長老たちがそれぞれ香炉を手にして、自分の偶像の部屋で忌まわしいことを行っているという。都のエルサレムがこういう情況では、民が神から見捨てられていると感じるのも肯ける。自分たちの行いが悪かったからかもしれないが。こういう心境から目に見える像にすがりたくなるのも無理からぬことではあろう。これはしかし主への背信となるのである。人の手で造ったものを神として崇めるのは本末転倒なのである。目に見えぬものを信じるには、そういう対象の無に対応して人も無にならなくてはならない。それには人は自己の側に属すすべてを心の中では捨てていなくてはならない。そうでないといわば無なる神を信じえないのである。人の側が有であると、世に対して死んでないと、有なる神をしか信じえないのである。そこで可視的な偶像を造ることとなるのである。ホセア13章1節以下にはエフライムの終わりが預言されている。銀を鋳て偶像を造っているからである。偶像が神の尊厳を傷つけることは考えてみれば簡単に分かることである。銀という材料を使って子牛の像を造り、それ

に口づけせよと互いに言うのであるから。人が神を造ったのである。そういうことはあってはならないことである。神人転倒である。神が人を造ったのであって逆ではない。こうして神を蔑視するとそれだけでは済まない。神の似像である人をも蔑視する結果になるのである。これら二つの事象は二即一の関係にあるといえる。一方の軽視は必然的に他方の軽視に通じているのである。

　最後に、パウロが「"霊"は一切のことを、神の深みさえも究めます。」（第一コリント2,10）というが、正に預言者はそういう存在になっているのである。預言の言葉は神の深みの一部と考えてよいのである。神の深み自体は、人の言葉でこれこれのこととして表明しうるものとはならないであろう。言葉を超えた、いわば無限の内容をはらんだものであろう。今は表現し難いもの、いわく言い難いものであろう。「顔と顔とを合わせて見ることになる」（第一コリント13,12）とき明らかになるものであろう。今はまだ明確になしえないが、そういうものとして極めて明確なものであろう。預言者は自分の命、人の命、有限の命を生きているのではなくて、神の命、無限の命を生きているといえよう。神の命（生命）とは神の命（命令）ということである。神の命令、定めに生きることは神の命（生命）を生きることと同一のことである。こういう心境、情況にあっては神の命（生命、命令）以外のものは何も見えないのである。見ようともしていないのである。もっともイスラエルの神に背く惨状は否が応でも目に入るが、預言者の中ではただ一人いわば神の命が生きているのである。彼は神の霊によって完全に占領されているのである。他のものはすべて追放されているのである。

　イスラエル民族が出エジプトに始まりパレスチナに入るまでは、奴隷の身から脱するために相対的には安穏な生活を捨てて、新たな道に進むことを意味する。そして幾多の苦難の末約束の地に入るわけである。エジプトでの奴隷とはいえ少なくとも生活はできている情況を、神を信じてあえて捨てるのである。その結果、葦の海とエジプト軍との挟み撃ちに遇うこととなる。神を信じようとするがために苦難の連続となるのである。信じようとしなければ出会うことのない苦難に出会うのである。イスラエルの民の内にはそういう生き方についていけず、偶像崇拝に走った人々もいた。そういう人々へは裁きが下ったので

あった。現世利益の方向へいくことは、神がイスラエルに期待することとは反対のことである。エジプトの奴隷からヤハウェの奴隷への転換であったのである。モーセが燃える柴の炎の中からの神の声に従ったとき、根本的には現世での損得勘定を超えての決断があったであろう。

注
(1) Meinrad Limbeck; Das Gesetz im Alten und Neuen Testament 1997 107頁
(2) ATD 5/2 ヨシュア記・士師記・ルツ記 2000 28頁
　　ヨシュア2,4〜11について次のように指摘している。ラハブはこの土地の将来に如何ともし難い決定が下されていることを認識している。ラハブの態度は裏切りや打算的な見積もりとしての宣言ではなく、むしろ天上、地上にいます神による歴史計画を認知するしるしとして宣言されている。ヘブライ人への手紙がそれを信仰と呼んでいる（11,31）のは正当である。ただ彼女自身がここまで純粋に信仰的観点に立ち切れているのであろうかという疑問は残る。たとえこの土地がイスラエルに渡されていると感じたとしても、そう感じること自体が信仰的ではなくて、打算的判断からということも考えられるからである。
(3) Werner H. Schmidt; Alttestamentlicher Glaube 1996 101頁以下
(4) Ollenburger,Martens,Hasel（ed.）; The Flowering of Old Testament Theology 1992 132頁
　　　　　　Gerhard von Rad; Eighth Century Prophecy
(5) Werner H. Schmidt; ibid 1996 229頁
(6) ibid 212頁
(7) ibid 116頁
　　アモス4,1、ホセア1,4などが該当する。両者とも現存の社会体制を批判している。
(8) 関根正雄『イスラエル宗教文化史』 1964 130頁以下
　　アモスやホセアの祭儀攻撃の背後にはこういう事情があるのである。アモスの神は純なる信仰を要求し、律法の行為を要求しない神であった。
(9) Meinrad Limbeck; ibid 48頁
(10) G・フォン・ラート　荒井章三訳　『旧約聖書神学Ⅰイスラエルの歴史伝承の神学』
　　 1990　573頁以下
(11) Meinrad Limbeck; ibid 16頁以下
　　さらにイザヤ5,19、エレミヤ3,6〜8;7,9〜11、ホセア4,9などを参照。ヤハウェが示す道を拒む限り裕福には達しないことを歴史から学んだ。そして紀元前722年と同586年の破局の後は罰への不安からではなく、イスラエルは命令などを伴った律法により大きな注意を払ったのである。

⑿　ibid 28頁
⒀　B・S・チャイルズ　近藤十郎訳　『出エジプト記　下』－批判的神学的注解－ 1994　218頁以下
⒁　Yehoshua Gitay; Isaiah and his Audience　The structure and meaning of Isaiah 1-12　1991　180頁
⒂　R.E.Clements（ed.）; The World of Ancient Israel 1989　18頁
　　　　　　John W. Rogerson; Anthropology and the Old Testament
⒃　ATD 1　創世記　25章19～50章　1993　746頁以下
⒄　Rolph W. Klein; Ezekiel The Prophet and His Message 1988 108頁
⒅　ATD 1 創世記　同上書　500頁
⒆　G・フォン・ラート　同上書　139頁以下
　列王記上20章の預言者物語は－そこには紀元前9世紀の事情が反映しているのだが－確かに預言者と軍事指導者との間のまだ比較的協調的な態度を示している。預言者をイスラエルの戦車、騎士と述べる言葉は既に紀元前9世紀の預言が自らを別な風に理解していたことを示す（列王記下2章12節、13章14節）。イスラエルの真の守りは預言者のカリスマなのである。その場合恐らく預言者の行う奇跡が考えられていたであろう。
⒇　G・フォン・ラート　荒井章三訳　『旧約聖書神学Ⅱイスラエルの預言者的伝承の神学』　1991　82頁
(21)　Ludwig Koehler; Theologie des Alten Testaments 1966　104頁
(22)　R. E. Clements（ed.）; ibid 206頁
　　　　　　Robert P. Carroll; Prophecy and Society
(23)　岩波文庫　正法眼蔵（一）　1993　248頁
(24)　G・フォン・ラート　同上書Ⅱ　542頁以下
　この代理的な務めが真の犠牲として他人の罪を取り除きうるか否かはまだ未解決のままである。
(25)　同上書　106頁
(26)　関根正雄　同上書　121頁
　「ナービー」という語が元来"狂燥する"という意味なので「神の言葉を宣べる」ことがエクスタティズムと関係あることは明らかである。
(27)　Ludwig Koehler; ibid 100頁
(28)　Yairah Amit; Hidden Polemics in Biblical Narrative 2000 153頁以下
　その町の祭司の名におけるツェデク（צֶדֶק）という部分の出現は祭司達の王朝を示唆しているかもしれない。最初の一人はダビデの祭司ツァドク（サムエル記下8章17節）である。この王朝はソロモンの時代まで続いた。要はエルサレムは義なる王と義を示唆する祭司の住む場所と受け取られていたのである。

(29) G・フォン・ラート　同上書 I　442頁
(30) Henri Cazelles; Alttestamentliche Christologie zur Geschichte des Messiasidee 1983 53頁以下
(31) S.Japhet; The Ideology of the Book of Chronicles and its Place in the Biblical Thought 1989 402頁
(32) ibid 332頁
(33) ibid 370頁
「ヨアハズはエジプトに連れて行かれ、そこで死んだ。」(列王記下23章34節)。「兄弟のヨアハズはネコに捕らえられ、エジプトに連れて行かれた。」(歴代誌下36章4節)。「そこで死んだ」という語は歴代誌下には出ていないのである。
(34) ibid 288頁以下
この一般的概念に加えて、特殊な部族の枠組みについてのいくつかの証拠が、ダビデとの関連において現れている。歴代誌上12章1から22節、26章32節、27章1から15節などにリストが見られる。
(35) ibid 415頁以下
(1) ソロモンについて若くて弱いという（歴代誌上22章5節）。(2) 王といっても神の戒めを守るという点では一般のイスラエル人と同じ（28章8節以下）。(3) 民主化する傾向がある（15章25節など）。
さらに王は他から助けられている（22章17節）。また会衆の賛同があってはじめてダビデは事を始められた（13章1から5節）。
(36) G・フォン・ラート　同上書 I　462頁
(37) R.E. Clements (ed.); ibid 18頁
　　　　John W.Rogerson; ibid
(38) ATD I　同上書　653頁
(39) M. Buber; Zwei Glaubensweisen 1994　94頁以下
Friedrich Avemarie, Herman Lichtenberger (herg.); Bund und Tora 1996　241頁
Gerbern S.Oegema; Versoehnung ohne Vollendung ?
(40) W・ツィンマリ『旧約聖書の世界観』1992　108頁
(41) Rolph W.Klein; ibid 135頁
(42) ibid 57頁
(43) G・フォン・ラート　同上書 I　91頁以下

あとがき

　日本文化の背景である日本人の平均的な心情、ものの考え方は——勿論個人差はあるが——聖書の思想の背景にあるそれと一様であるとは思われない。これは気候風土などの自然条件による部分もあるであろう。そこで聖書のメッセージを受容するに当たってはこういう点も問題となるであろう。こういう心情の違いという観点から本書では特に旧約について考察した。新約については、キリスト教を浄土真宗といわば同等に見なす見解も見られるが、旧約についてはそういうことはできない。かくて人である限り共通性はあると思うのであるが、両心情の同異を考慮に入れながら旧約のメッセージを考察することは殊のほか重要であるように思われる。

　本書ではあくまで思想内容的な面に重点を置いて考えたい。というのも西洋的な聖書理解は千数百年の歴史を経ているが、それをそのまま我々日本人が受容できるわけではないからである。東洋的発想を前提として聖書的思考の原初に立ち帰って、そのメッセージの本質を問わねばならない情況に置かれているのである。自己実存的に問うことが求められている。

　モーセ五書、歴史書、知恵文学、預言書などはそれぞれ長い期間にわたり、しかも各々の置かれた情況の中で語られ書かれている。かくて必ずしもすべての点で一様な思想内容が展開されているわけではない。にもかかわらず最大公約数的な内容を探り出し、それを日本的心情の観点から反省することは容易ではない。しかしそれを行わない限りメッセージが我々日本人にとって自己化されることはないであろう。いつまでも外に留まったままであろう。不十分ながらそれを試みた次第である。

　新約との関連では旧約は通常預言と成就という関係で理解されるが、ここで

はそういう観点は特には考慮していない。旧約をそれ自体として取り上げ、日本的心情の観点から理解、対応しようとしたものである。旧、新約に共通のものの感じ方、考え方と日本的心情との関わりの探求は、同時に全ての人間にとっての共通的な次元へと深化していくことを意味すると思われるのである。この点こそ大切であると思われる。

なお第1部第1章第1節についてはほぼそのままの形で『基督教学研究』第25号（京都大学基督教学会）に掲載したものである。

2006年7月

著　者

■著者紹介

名木田　薫　（なぎた　かおる）

昭和 14 年	岡山県に生まれる
昭和 37 年	京都大学経済学部卒業、その後 3 年間武田薬品工業㈱勤務
昭和 40 年	京都大学文学部学士編入学
昭和 47 年	京都大学大学院博士課程単位取得退学、和歌山工業高専講師
昭和 60 年	岡山理科大学教授
平成 5 年	チュービンゲン大学へ留学（1 年間）
平成 7 年	倉敷芸術科学大学教授
平成 15 年	同大学退職（3 月末）

主要著書
『信仰と神秘主義』（西日本法規出版）1990
『救済としてのキリスト教理解』（大学教育出版）1995
『東洋的思想への問』（大学教育出版）2001
『パウロと西洋救済史的思想』（大学教育出版）2004

旧約聖書での啓示と受容
― 日本文化からの考察 ―

2006 年 9 月 30 日　初版第 1 刷発行

■著　者── 名木田　薫
■発行者── 佐藤　守
■発行所── 株式会社 大学教育出版
　　　　　　〒700-0953　岡山市西市 855-4
　　　　　　電話 (086) 244-1268㈹　FAX (086) 246-0294
■印刷製本── モリモト印刷㈱
■装　丁── 原　美穂

Ⓒ Kaoru NAGITA 2006, Printed in Japan
検印省略　落丁・乱丁本はお取り替えいたします。
無断で本書の一部または全部を複写・複製することは禁じられています。

ISBN4-88730-702-0

好評発売中

東洋的思想への問

著―名木田　薫

既に土着化し日本文化となっている禅、真宗などとの対比において、キリスト「信仰」の思想的特徴を解明する。同時に西田、西谷両者の禅的思想やキリスト教理解、またキリスト教と真宗両教の同異などを信仰の立場から取り上げ、疑問点を指摘する。

ISBN 4-88730-418-8
A5判　206頁　定価2,100円

主要目次

日本的心情とキリスト教／西田哲学とキリスト教／西田幾多郎における絶対矛盾的自己同一とキリスト信仰／西谷啓治における聖書理解／西谷啓治における宗教の原現象としての禅に関連して／キリスト信仰との対比における真宗／「キリスト教と仏教」に関する若干の考察

パウロと西洋救済史的思想

著―名木田　薫

パウロの「信仰」は律法精進の崩壊、彼の内に霊として宿るキリストが原点である。さらにそういう観点から"実存論的"に対して"救済史的"考え方を採っていると思われる西欧の神学者達の思想をパウロ的信仰との関連を考慮しつつ考究する。

ISBN 4-88730-578-8
A5判　232頁　定価2,520円

主要目次

序　章／パウロの信仰における実存と救済史との一体性　第1章／O・クルマンにおける「組み入れ」の神学　第2章／K・バルト『教会教義学』における救済史的思想　第3章／J・モルトマンにおける「希望」の神学　補　遺／W・パネンベルクにおける「地上のイエス」からのキリスト論